AF491419

NIKOLÁI GÓGOL

EL RETRATO Y OTROS CUENTOS OSCUROS

astria

EL RETRATO Y OTROS CUENTOS OSCUROS
NIKOLÁI GÓGOL

©Colección Erandique
Supervisión Editorial: Óscar Flores López
Diseño de portada: Danny Velásquez
Administración: Tesla Rodas—Jessica Cordero
Director Ejecutivo: José Azcona Bocock
Primera Edición
Tegucigalpa, Honduras—Abril de 2026

RESUMEN DE CUENTOS

La nariz

Un funcionario descubre que su nariz ha desaparecido y vive como una persona independiente con rango superior al suyo. La historia mezcla absurdo y sátira social para ridiculizar la burocracia y la obsesión por el estatus. Gogol construye una crítica irónica de la identidad y las apariencias.

Diario de un loco

Un humilde empleado comienza a escribir un diario donde su mente se deteriora progresivamente. Cree descubrir secretos absurdos y termina convencido de ser rey de España. Es una profunda exploración de la locura, la soledad y la alienación social.

La avenida Nevski

Dos hombres persiguen a mujeres que ven en la famosa avenida de San Petersburgo, pero sus ilusiones terminan en desengaño. Gogol muestra el contraste entre apariencia y realidad en la vida urbana. Es una crítica a los sueños románticos y a la superficialidad social.

La terrible venganza

Ambientado en Ucrania, narra una historia oscura de traición, magia y castigo sobrenatural dentro de una familia. El relato combina folclore, religión y fatalismo. La venganza y el pecado conducen a un destino trágico e inevitable.

El abrigo

Un pobre funcionario vive para su nuevo abrigo, que le da dignidad y reconocimiento momentáneo. Tras ser robado, su vida se derrumba y muere en la miseria. Es una crítica conmovedora a la indiferencia social y a la deshumanización burocrática.

El retrato

Un joven artista adquiere un misterioso retrato que parece tener poderes sobrenaturales. La ambición lo lleva a traicionar su talento y corromper su arte. Gogol reflexiona sobre el conflicto entre el arte verdadero y la tentación del dinero.

LA NARIZ

I

En marzo, el día 25, sucedió en San Petersburgo un hecho de lo más insólito. El barbero Iván Yákovlevich, domiciliado en la Avenida Voznesenski (su apellido no ha llegado hasta nosotros y ni siquiera figura en el rótulo de la barbería, donde sólo aparece un caballero con la cara enjabonada y el aviso de «También se hacen sangrías»), el barbero Iván Yákovlevich se despertó bastante temprano y notó que olía a pan caliente. Al incorporarse un poco en el lecho vio que su esposa, señora muy respetable y gran amante del café, estaba sacando del horno unos panecillos recién cocidos.

—Hoy no tomaré café, Praskovia Osipovna —anunció Iván Yákovlevich—. Lo que sí me apetece es un panecillo caliente con cebolla.

(La verdad es que a Iván Yákovlevich le apetecían ambas cosas, pero sabía que era totalmente imposible pedir las dos a la vez, pues a Praskovia Osipovna no le gustaban nada tales caprichos.) «Que coma pan, el muy estúpido. Mejor para mí: así sobrará una taza de café», pensó la esposa. Y arrojó un panecillo sobre la mesa.

Por aquello del decoro, Iván Yákovlevich endosó su frac encima del camisón de dormir, se sentó a la mesa provisto de sal y dos cebollas, empuñó un cuchillo y se puso a cortar el panecillo con aire solemne. Cuando lo hubo cortado en dos se fijó en una de las mitades y, muy sorprendido, descubrió un cuerpo blanquecino entre la miga. Iván Yákovlevich lo tanteó con cuidado, valiéndose del cuchillo, y lo palpó. «¡Está duro! —se dijo para sus adentros—. ¿Qué podrá ser?»

Metió dos dedos y sacó… ¡una nariz! Iván Yákovlevich estaba pasmado. Se restregó los ojos, volvió a palpar aquel objeto: nada, que era una nariz. ¡Una nariz! Y, además, parecía ser la de algún conocido. El horror se pintó en el rostro de Iván Yákovlevich. Sin embargo, aquel horror no era nada, comparado con la indignación que se adueñó de su esposa.

—¿Dónde has cortado esa nariz, so fiera? —gritó con ira—. ¡Bribón! ¡Borracho! Yo misma daré parte de ti a la policía. ¡Habrase visto, el bribón! Claro, así he oído yo quejarse ya a tres parroquianos. Dicen que, cuando los afeitas, les pegas tales tirones de narices que ni saben cómo no te quedas con ellas entre los dedos.

"

Mientras tanto, Iván Yákovlevich parecía más muerto que vivo. Acababa de darse cuenta de que aquella nariz era nada menos que la del asesor colegiado Kovaliov, a quien afeitaba los miércoles y los domingos.

—¡Espera, Praskovia Osipovna! Voy a dejarla de momento en un rincón, envuelta en un trapo, y luego me la llevaré.

—¡Ni hablar! ¡Enseguida voy a consentir yo una nariz cortada en mi habitación!… ¡Esperpento! Como no sabe más que darle correa a la navaja para suavizarla, pronto será incapaz de cumplir con su cometido. ¡Estúpido! ¿Crees que voy a cargar yo con la responsabilidad cuando venga la policía? ¡Fuera esa nariz! ¡Fuera! ¡Llévatela adonde quieras! ¡Que no vuelva yo a saber nada de ella!

Iván Yákovlevich seguía allí como petrificado, pensando y venga a pensar, sin que se le ocurriera nada.

—El demonio sabrá cómo ha podido suceder esto —dijo finalmente, rascándose detrás de una oreja—. ¿Volví yo borracho anoche, o volví fresco? No podría decirlo a ciencia cierta. Ahora bien, según todos los indicios, éste debe ser un asunto enrevesado, ya que el pan es una cosa y otra cosa muy distinta es una nariz. ¡Nada, que no lo entiendo!

Iván Yákovlevich enmudeció, a punto de desmayarse ante la idea de que la policía llegase a encontrar la nariz en su poder y lo empapelara.

Le parecía estar viendo ya el cuello rojo del uniforme, todo bordado en plata, la espada… y temblaba de pies a cabeza. Finalmente, agarró la ropa y las botas, se puso todos aquellos pingos y, acompañado por las desabridas reconvenciones de Praskovia Osipovna, se echó a la calle llevando la nariz envuelta en un trapo.

Tenía la intención de deshacerse del envoltorio en cualquier parte, tirándolo tras el guardacantón de una puerta cochera o dejándolo caer como inadvertidamente y torcer luego por la primera bocacalle. Lo malo era que, en el preciso momento, se cruzaba con algún conocido, que enseguida empezaba a preguntarle:

«¿A dónde vas?, o ¿a quién vas a afeitar tan temprano?», de manera que a Iván Yákovlevich se le escapaba la ocasión propicia. Una vez consiguió dejarlo caer, pero un guardia urbano le hizo señas desde lejos con su alabarda al tiempo que le advertía: «¡Eh! Algo se te ha caído. Recógelo». De modo que Iván Yákovlevich tuvo que recoger la nariz y guardársela en el bolsillo.

Lo embargaba la desesperación, sobre todo porque el número de transeúntes se multiplicaba sin cesar, a medida que se abrían los comercios y los puestos.

Tomó la decisión de llegarse al puente Isákievski, por si conseguía arrojar la nariz al río Neva… Pero, a todo esto, he de pedir disculpas por no haber dicho hasta ahora nada acerca de Iván Yákovlevich, persona honorable bajo muchos conceptos.

Como todo menestral ruso que se respete, Iván Yákovlevich era un borracho empedernido. Y aunque a diario afeitaba mentones ajenos, el suyo estaba eternamente sin rapar. El frac de Iván Yákovlevich (porque Iván Yákovlevich jamás usaba levita) ostentaba tantos lamparones parduzcos y grises que, a pesar de ser negro, parecía hecho de tela estampada; además tenía el cuello lustroso de mugre y unas hilachas en el lugar de tres botones. Iván Yákovlevich era un gran cínico. El asesor colegiado Kovaliov solía decirle mientras lo afeitaba: «Siempre te apestan las manos, Iván Yákovlevich.» A lo que Iván Yákovlevich contestaba preguntando a su vez: «¿Y por qué han de apestarme?» El asesor colegiado insistía: «No lo sé, hombre; pero te apestan.» Por lo cual, y después de aspirar una toma de rapé, Iván Yákovlevich le aplicaba el jabón a grandes brochazos en las mejillas, debajo de la nariz, detrás de las orejas, en el cuello… Donde se le antojaba, vamos.

Nuestro respetable ciudadano se encontraba ya en el puente de Isákievski. Empezó por mirar a su alrededor, luego se asomó por encima del pretil como para ver si había muchos peces debajo del puente y arrojó disimuladamente el trapo con la nariz. Notó como si le hubieran quitado de golpe diez puds de encima: incluso esbozó una sonrisita socarrona. Y entonces, cuando en vez de marcharse a rapar mentones oficinescos se dirigía a tomar un vaso de ponche en cierto establecimiento cuyo rótulo decía «Comidas y té», divisó de pronto al final del puente a un guardia de gallarda apostura y frondosas patillas con su tricornio y su espada. Se quedó frío: el guardia lo llamaba con un dedo y decía:

—Ven para acá, hombre.

Conocedor de las ordenanzas, Iván Yákovlevich se quitó el gorro desde lejos y obedeció a toda prisa con estas palabras:

—¡Salud tenga usía!

—Deja, hombre, déjate de usías y explícame lo que estabas haciendo ahí en el puente.

—Por Dios le juro, señor, que iba a afeitar a un parroquiano y sólo me detuve a mirar si llevaba mucha agua el río.

—¡Mentira! Estás mintiendo. Pero, no te ha de valer. Haz el favor de contestar.

—Estoy dispuesto a afeitar a vuestra merced dos veces por semana, o incluso tres, sin rechistar —contestó Iván Yákovlevich.

—¡Quiá! Déjate de bobadas, amigo. A mí me afeitan ya tres barberos, y lo tienen a mucha honra. Conque haz el favor de contarme lo que estabas haciendo allí.

Iván Yákovlevich se puso lívido… Pero el suceso queda a partir de aquí totalmente envuelto en brumas y no se sabe nada en absoluto de lo ocurrido después.

II

El asesor colegiado Kovaliov se despertó bastante temprano y resopló —«brrr…»—, cosa que hacía siempre al despertarse, aunque ni él mismo habría podido explicar por qué razón. Kovaliov se desperezó y pidió un espejo pequeño que había encima de la mesa. Quería verse un granito que le había salido la noche anterior en la nariz. Y entonces, para gran asombro suyo, en el lugar de su nariz descubrió una superficie totalmente lisa. Mandó que le trajeran agua y se frotó los ojos con una toalla húmeda: ¡nada, que no estaba la nariz! Comenzó a palparse, preguntándose si estaría dormido. Pero, no; no era una figuración. El asesor colegiado Kovaliov se tiró precipitadamente de la cama, sacudiendo la cabeza con preocupación: ¡no tenía nariz! Pidió su ropa al instante y partió como una flecha a ver al jefe de policía.

A todo esto, bueno sería decir unas palabras acerca de Kovaliov para poner al lector en antecedentes del rango de nuestro asesor colegiado. Los asesores colegiados que han obtenido su título mediante estudios respaldados por certificaciones científicas no pueden ser comparados en modo alguno con aquellos que se han firmado en el Cáucaso. Son dos categorías enteramente distintas. Los asesores colegiados… Pero, Rusia es un país tan peregrino que basta decir algo acerca de un asesor colegiado para que, desde Riga hasta Kamchatka, se den por aludidos todos cuantos poseen igual título… Y lo mismo sucede con todos los demás títulos o grados. Kovaliov era asesor colegiado del Cáucaso. Sólo hacía dos años que ostentaba el título, hecho que no se permitía olvidar ni por un instante. De manera que, para darse más prestancia y fuste, nunca se presentaba como asesor colegiado sino como mayor. «Oye, guapa, pásate por mi casa —solía decir al cruzarse en la calle con alguna vendedora de pecheras almidonadas—. Está en la calle Sadóvaya. Con que preguntes dónde vive el mayor Kovaliov, cualquiera te lo dirá.» Y si se encontraba con una de buen palmito, precisaba confidencialmente: «Pregunta por el piso del mayor Kovaliov, ¿eh, preciosa?» Por eso mismo, también nosotros llamaremos mayor a este asesor colegiado.

El mayor Kovaliov tenía el hábito de pasear todos los días por la Avenida Nevski. Llevaba siempre el cuello de la pechera muy limpio y almidonado. Sus patillas eran como las que todavía usan los agrimensores provinciales y comarcales, los arquitectos y los médicos de regimiento, igual que los funcionarios de policía y, en general, todos esos caballeros de mejillas rubicundas y sonrosadas que suelen jugar muy bien al boston: son unas patillas que bajan hasta media cara y llegan en línea recta a la misma nariz. El mayor Kovaliov lucía multitud de dijes, unos de cornalina, otros con escudos labrados y también de los que llevan grabadas las palabras miércoles, jueves, lunes, etc. El mayor Kovaliov había viajado a San Petersburgo para ciertos menesteres consistentes en buscar un acomodo a tenor con su rango: un nombramiento de vicegobernador, si lo conseguía, o, en todo caso, el de ejecutor en algún Departamento de fuste. El mayor Kovaliov tampoco estaba en contra de casarse, pero sólo en el caso de que acompañara a la novia un capital de doscientos mil rublos. Por todo lo cual podrá comprender ahora el lector el estado de ánimo de este mayor al descubrir un estúpido espacio plano y liso en lugar de su nariz, que no era nada fea ni desproporcionada.

Para colmo de males, no aparecía ni un solo coche de punto por la calle, y el mayor tuvo que caminar a pie, embozado en su capa y cubriéndose la cara con un pañuelo como si fuera sangrando. «Pero, bueno, ¿no será esto una figuración mía? Es imposible que una nariz se extravíe así, estúpidamente», pensó, y entró en una pastelería, con el solo fin de mirarse al espejo. Por fortuna, no había parroquianos en el establecimiento. Unos chicuelos barrían el local y ordenaban los asientos mientras otros, con ojos de sueño, sacaban bandejas de pastelillos recién hechos; sobre las mesas y las sillas andaban tirados periódicos de la víspera manchados de café. «¡Menos mal que no hay nadie! —se dijo Kovaliov—. Ahora podré mirarme.» Se acercó tímidamente al espejo y miró. «Pero, ¿qué demonios de porquería es ésta? —profirió soltando un salivazo—. ¡Si por lo menos hubiera algo en lugar de la nariz!… ¡Pero, es que no hay nada!»

Salió de la pastelería mordiéndose los labios de rabia y, en contra de sus hábitos, decidió no mirar ni sonreír a nadie. De pronto, se detuvo atónito a la entrada de una casa. Ante sus ojos se produjo un fenómeno inexplicable: un carruaje paró al pie de la puerta principal y, cuando se abrió la portezuela, saltó a tierra, ligeramente encorvado, un caballero de uniforme que subió con presteza la escalinata. Cuál no sería el sobresalto, y al mismo tiempo la estupefacción de Kovaliov al reconocer a su propia nariz. A la vista de semejante portento, le pareció que todo daba vueltas a su alrededor. Notó que apenas podía tenerse en pie y, sin embargo, decidió, aunque tiritando como si tuviera fiebre, aguardar a toda costa a que volviera a subir al coche. Efectivamente, a los dos minutos salió la nariz. Vestía uniforme bordado en oro, de cuello alto, y pantalón de gamuza y llevaba la espada al costado. El penacho del tricornio indicaba que poseía el rango de consejero de Estado. Según todas las apariencias, estaba haciendo visitas. Miró a un lado y a otro, llamó de un grito al cochero, subió al carruaje y partió.

El pobre Kovaliov estuvo a punto de volverse loco.

No sabía ni qué pensar de tan extraño suceso. En efecto, ¿cómo podía vestir uniforme una nariz que, la víspera sin ir más lejos, se encontraba en mitad de su cara y no era capaz de desplazarse, ni en carruaje ni a pie, por sí sola? Corrió en pos del vehículo que, felizmente, pronto se detuvo ante la iglesia de Nuestra Señora de Kazán.

Kovaliov corrió hacia el templo, abriéndose paso entre las filas de viejas mendigas —entrapajadas hasta el extremo de que sólo quedaban dos orificios para los ojos— de las que tanto se burlaba antes, y penetró en la iglesia. Había pocos fieles y casi todos se habían quedado cerca de la puerta. Kovaliov se hallaba en tal estado de consternación que ni siquiera tenía ánimos para rezar, y buscaba con los ojos a aquel caballero por todos los rincones. Al fin lo descubrió, un poco apartado. La nariz tenía el rostro totalmente oculto por el gran cuello alto y oraba con extraordinaria devoción.

«¿Cómo lo abordaría? —se preguntó Kovaliov—. A la vista está, por el uniforme, por el tricornio, que se trata de un consejero de Estado. El demonio sabrá...»

Carraspeó varias veces cerca de la nariz, que no abandonaba ni por un instante su devota actitud ni cesaba en sus genuflexiones.

—Caballero... —dijo Kovaliov, haciendo un esfuerzo para darse ánimos—. Caballero...

—¿Qué se le ofrece? —preguntó la nariz volviendo la cara.

—Estoy extrañado, caballero... Me parece... Debería usted saber cuál es su sitio. De repente lo encuentro a usted... ¿Y dónde le encuentro? En una iglesia. Habrá de convenir que...

—Perdone usted, pero no logro entender lo que tiene usted a bien decirme. Explíquese.

«¿Cómo voy a explicarme?» —pensó Kovaliov—, y luego, sacando fuerzas de flaqueza, comenzó:

—Claro que yo... Por cierto, he de decirle que soy mayor y eso de andar por ahí sin nariz, como usted comprenderá, es indecoroso. Sin nariz podría pasar cualquiera de esas vendedoras de naranjas peladas del puente de Voskresenski; pero yo, que aspiro a obtener..., habiendo sido presentado en muchas casas donde hay damas como la señora

Chejtariova, esposa de un consejero de Estado, y otras muchas… Hágase usted cargo… Yo no sé, caballero… —al llegar aquí, el mayor Kovaliov se encogió de hombros—. Usted perdone, pero considerando todo esto desde el punto de vista de las normas del deber y del honor…, usted mismo comprenderá…

—Pues no. No comprendo absolutamente nada —contestó entonces la nariz—. Hable de modo más explícito.

—Caballero… —replicó Kovaliov con aire muy digno—, no acierto a interpretar sus palabras… Me parece que el asunto está bien claro. ¡O pretende usted… ¡Pero si usted es mi propia nariz!

La nariz consideró al mayor y frunció un poco el ceño.

—Está usted en un error, caballero. Yo soy yo, además, que entre nosotros no puede haber la menor relación directa, pues a juzgar por los botones de su uniforme, usted pertenece a otro departamento que yo.

Dicho esto, la nariz volvió la cabeza y prosiguió sus oraciones.

Totalmente confuso, Kovaliov se quedó sin saber qué hacer y ni siquiera qué pensar. En esto se escuchó el encantador rumor de unas vestiduras femeninas. Llegaba una señora de cierta edad, toda encajes, y con ella otra, muy esbelta, con un vestido blanco que dibujaba a la perfección su fina silueta y un sombrero de paja ligero como un pastel.

Un lacayo alto, con frondosas patillas y una buena docena de esclavinas en la librea, se situó detrás de ellas y abrió una tabaquera.

Kovaliov se acercó un poco, estiró el cuello de batista de su pechera, retocó los dijes colgantes de la cadena de oro y, sonriendo a un lado y a otro, fijó su atención en la etérea dama que se inclinaba levemente, parecida a una florecilla de primavera, y elevaba hacia la frente su breve mano blanca de dedos traslúcidos. La sonrisa de Kovaliov se acentuó cuando divisó, bajo el sombrero, su mentón redondo, deslumbrante de blancura, y parte de la mejilla teñida por el color de la primera rosa primaveral. Pero de pronto pegó un respingo como si se hubiera quemado con algo. Recordó que no tenía absolutamente nada en lugar de nariz y se le saltaron las lágrimas. Dio media vuelta con objeto de tildar sin rodeos de farsante y miserable al señor del uniforme, para decirle que no era ni por asomo consejero de Estado, sino única y exclusivamente su propia nariz… Pero ya no estaba allí la nariz. Se conoce que, entre tanto, había salido disparada para continuar sus visitas.

Esta circunstancia sumió a Kovaliov en la desesperación. Salió de la iglesia y se detuvo un instante bajo el pórtico, escudriñando hacia todas partes por si divisaba en algún sitio a su nariz. Recordaba muy bien que llevaba tricornio con penacho y uniforme bordado en oro, pero no se había fijado en el capote, ni en el color del carruaje, ni en los caballos y ni siquiera en si llevaba lacayo detrás y cómo era su librea. Con la particularidad de que habría sido difícil identificar aquel carruaje entre tantos, como circulaban en uno y otro sentido a toda velocidad. Además, aunque lo hubiese identificado, no tenía a su alcance ningún medio para hacerlo detenerse. Hacía un día espléndido y soleado. La Avenida Nevski era un hormiguero de gente. Desde el puente de Politséiski hasta el de Anichkin cubría las aceras una policroma cascada femenina. Kovaliov divisó también a un consejero de la Corte conocido suyo a quien siempre daba el tratamiento de teniente coronel, especialmente si se hallaban ante extraños. Luego vio a Yariguin, jefe de negociado en el Senado, gran amigo suyo, que siempre era pillado en renuncio al boston cuando jugaba el ocho. Y otro mayor, con asesoría del Cáucaso, que agitaba una mano llamándolo…

—¡Maldita sea! —masculló Kovaliov—. ¡Eh, cochero! ¡A la prefectura de policía!

Kovaliov subió al vehículo y se pasó todo el trayecto gritándole al cochero: «¡arrea, hombre, arrea!»

—¿Está en su despacho el señor prefecto? —preguntó a voz en cuello al penetrar en el vestíbulo.

—No, señor —contestó el conserje—. Acaba de salir.

—¡Ésta sí que es buena!

—Y no hace mucho que salió, por cierto —añadió el conserje—. Con haber llegado un momento antes, quizá lo hubiera encontrado.

Sin apartar el pañuelo de su rostro, Kovaliov regresó al coche de alquiler y ordenó con acento desesperado:

—¡Tira!

—¿Hacia dónde? —inquirió el cochero.

—Derecho.

—¡Derecho! ¡Pero, si estamos en un cruce! A la derecha o a la izquierda?

Esta pregunta dejó cortado a Kovaliov y lo obligó a reflexionar de nuevo. En su situación, lo lógico era acudir, antes que nada, a la Dirección de Seguridad, y no por su relación directa con la policía, sino porque sus disposiciones podían ser mucho más expeditas que las de otras instancias. En cuanto a buscar justicia recurriendo a las autoridades superiores del Departamento al que dijo pertenecer la nariz, no tenía sentido, pues de las propias respuestas de la nariz se podía colegir que no había nada sagrado para aquel sujeto y era muy capaz de mentir en esa circunstancia, lo mismo que había mentido al afirmar que nunca se habían visto. De modo que Kovaliov iba a ordenar ya al cochero que lo condujera a la Dirección de Seguridad, cuando de nuevo lo asaltó la idea de que aquel redomado bribón, que con tanta desfachatez se había comportado durante la primera entrevista, podía muy bien aprovechar el tiempo para escabullirse de la ciudad y todas las pesquisas serían entonces inútiles o podían durar un mes entero si Dios no ponía remedio. Finalmente, como si el cielo lo iluminara, decidió personarse en la oficina de publicidad para que apareciera en los periódicos, sin pérdida de tiempo, un anuncio con la descripción detallada de todas las señas, de manera que cuantos se encontraran con él pudieran conducirlo, acto seguido, a su presencia o, por lo menos, darle a conocer su paradero. Nada más tomar esta decisión, ordenó al cochero que lo llevara a la oficina de publicidad, y fue todo el trayecto aporreándole la espalda con el puño, repitiendo: «¡Date prisa, miserable! ¡Date prisa, bribón!» A lo que el cochero sólo contestaba: «¡Ay, señorito!...», sacudiendo la cabeza y arreando con las riendas a su caballo, tan peludo como un perro de lanas. El carruaje se detuvo al fin, y Kovaliov irrumpió todo jadeante en una oficina de reducidas dimensiones. Detrás de una mesa, un empleado canoso y con gafas, que vestía un viejo frac, recontaba las monedas que había cobrado, manteniendo la pluma entre los dientes.

—¿Quién recibe aquí los anuncios? —preguntó Kovaliov en un grito—. ¡Ah! Buenos días.

—Muy buenos los tenga usted —contestó el empleado canoso alzando un momento los ojos y volviendo a posarlos en el dinero que contaba.

—Desearía insertar…

—Perdone. Le ruego que aguarde un instante —profirió el empleado anotando un número en un papel al tiempo que pasaba dos bolas de ábaco con la mano izquierda.

Un lacayo de casa grande, a juzgar por su empaque y por su librea galonada, esperaba junto a la mesa con una nota en la mano y consideró oportuno patentizar su urbanidad:

—Le aseguro, caballero, que el perrillo no vale ochenta kopecs. Es más: yo no daría ni cuatro por él. Pero la Condesa le tiene cariño; sí, le tiene cariño, y ya ve usted: ¡cien rublos a quien lo encuentre! Si hemos de hablar con propiedad, así, como estamos aquí usted y yo, hay personas que tienen gustos disparatados. Puestos a tener un perro, que sea uno de muestra, o un maltés. Y entonces, no hay que reparar en quinientos rublos; ni siquiera en mil, con tal de que sea lo que se dice todo un perro.

El respetable empleado escuchaba todo aquello con aire entendido, aunque sin dejar por eso de calcular las letras del anuncio que le habían entregado. Alrededor se apretujaban viejucas, dependientes de comercio y porteros; todos con alguna nota en la mano. Una era ofreciendo los servicios de un cochero de conducta sobria; otra un carruaje en buen uso, traído de París el año 1814, y otra más una moza de diecinueve años, sabiendo lavar y planchar, así como otras faenas… Se vendía una calesa resistente, aunque le faltaba una ballesta, un joven y brioso caballo rodado de diecisiete años, simientes de nabo y rábano recién recibidas de Londres, una casa de campo con todas sus dependencias, dos cuadras para caballos y un terreno donde se podía plantar un magnífico soto de abedules o abetos… También había un aviso para quienes desearan adquirir suelas usadas, invitándolos a la reventa que se efectuaba diariamente de ocho a tres. El cuarto donde se hacinaba toda aquella gente era pequeño y la atmósfera estaba sumamente cargada; pero el asesor colegiado no podía percibir el olor porque se cubría la cara con el pañuelo y porque su nariz se encontraba Dios sabía dónde.

—Permítame preguntarle, señor mío… Es muy urgente, —pronunció al fin con impaciencia.

—Ahora mismo, ahora mismo… Son dos rublos con cuarenta y tres kopecs. Enseguida lo atiendo. Un rublo con sesenta y cuatro kopecs —decía el empleado canoso arrojándoles a viejucas y porteros sus respectivos recibos a la cara—. ¿Deseaba usted? —preguntó al fin dirigiéndose a Kovaliov.

—Pues, quisiera… —contestó Kovaliov—. He sido víctima de una extorsión o de una superchería…, no podría decirlo a ciencia cierta hasta este momento… Sólo quisiera anunciar que quien me traiga a ese canalla será cumplidamente recompensado.

—¿Su apellido, por favor?

—¿Mi apellido? ¡No! ¿Para qué? No puedo decirlo. ¡Con tantas amistades como tengo! La señora Chejtariova, esposa de un consejero de Estado… Palagueia Grigórievna Podtóchina, casada con un oficial superior… ¿Y si se enteraran de pronto? ¡Dios me libre! Puede usted poner, sencillamente, un asesor colegiado o, mejor todavía, un caballero con el grado de mayor.

—Y el que se le ha escapado, ¿era siervo suyo?

—¿Quién habla de un siervo? Eso no sería una granujada muy grande. Lo que se me ha escapado es… la nariz…

—¡Jum! ¡Qué apellido tan raro! ¿Y le ha estafado mucho ese señor?

—No me ha entendido usted. Cuando digo nariz, no me refiero a un apellido, sino a mi propia nariz, que ha desaparecido sin dejar rastro. ¡Alguna jugarreta del demonio!

—Pero, ¿de qué modo ha desaparecido? No acabo de hacerme cargo.

—Tampoco podría decir yo de qué modo ha desaparecido; pero lo esencial es que ahora anda de un lado para otro por la ciudad y se hace pasar por consejero de Estado. Por eso le ruego poner el anuncio: para que quien le eche mano me la traiga inmediatamente, sin dilación alguna. Hágase usted cargo: ¿cómo me las voy a arreglar sin un apéndice tan visible? Porque no se trata de un simple meñique del pie, por ejemplo, que va metido dentro de la bota y nadie advierte su falta. Yo suelo ir los jueves a casa de la señora Chejtariova, esposa de un consejero de Estado. También me distinguen con su amistad Palagueia Grigórievna Podtóchina, casada con un oficial de Estado Mayor, y su hija, que es un encanto. Conque, dígame usted qué hago yo ahora. No puedo presentarme a ellas de ninguna manera.

El empleado se puso a cavilar, lo que podía colegirse por el modo de apretar los labios.

—Pues, no. No puedo insertar ese anuncio —dictaminó al fin, después de un largo silencio.

—¿Cómo? ¿Por qué no?

—Porque podría desprestigiar a un periódico. Si ahora se pone a escribir la gente que se le ha escapado la nariz, pues… Demasiado se murmura ya de que publicamos muchos disparates y bulos.

—¿Y por qué es esto un disparate? Me parece que no tiene nada de particular.

—Eso se lo parece a usted. Bueno, pues mire: la semana pasada ocurrió algo por el estilo. Se presentó un funcionario, de la misma manera que se ha presentado usted ahora, con una nota que le salió por dos rublos y setenta y tres kopecs, anunciando en todo y por todo que se había escapado un perro de aguas de pelo negro. Al parecer, nada de particular, ¿verdad? Pues resultó un embrollo: se trata del cajero de no recuerdo qué establecimiento.

—Pero el anuncio que yo le traigo no se refiere a ningún perro, sino a mi propia nariz, cosa que equivale casi a mi propia persona.

—No. Yo no puedo insertar en modo alguno un anuncio así.

—Pero, ¡si es verdad que se ha extraviado mi nariz!

—Entonces, eso es cosa de los médicos. Los hay, según cuentan, que son capaces de ponerle a la gente la nariz que quiera. Pero, estoy viendo que es usted un hombre de buen humor y amigo de gastar bromas.

—¡Por Dios santo, le juro que es verdad! En fin, si hasta aquí hemos llegado, ahora verá usted mismo…

—¿Para qué se va a molestar? —protestó el empleado tomando un poco de rapé—. Aunque, si no le hace extorsión —añadió, picado ya por la curiosidad—, me gustaría verlo.

El asesor colegiado retiró el pañuelo de su rostro.

—Es rarísimo, efectivamente —opinó el empleado—. Tiene el sitio de la nariz tan liso como la palma de la mano. Sí, sí, increíblemente liso…

—¿Seguirá discutiendo ahora? Ya lo está viendo: no hay más remedio que publicarlo. Le quedaré especialmente agradecido, y celebro que este suceso me haya proporcionado el placer de conocerle…

Como puede verse, el mayor llegó incluso a rebajarse un poco en esta ocasión.

—Claro que publicarlo no cuesta ningún trabajo —dijo el empleado—, aunque no veo que saque provecho alguno de ello. Si tanto interés tiene, cuéntele el caso a alguien que tenga la pluma fácil para que lo describa como un fenómeno de la naturaleza y lo publique en *La abeja del Norte* —aquí sorbió otro poco de tabaco— para instrucción de la juventud —aquí se limpió la nariz— o simplemente como un hecho curioso.

El asesor colegiado estaba totalmente apabullado. Bajó los ojos, que tropezaron con la cartelera de espectáculos al pie de un periódico. Iba a sonreír al leer el nombre de una encantadora actriz y echaba ya mano al bolsillo para comprobar si llevaba algún billete de cinco rublos, pues los oficiales superiores, en opinión de Kovaliov, debían sentarse en el patio de butacas, cuando el recuerdo de la nariz echó por tierra toda su alegría.

Al propio empleado pareció afectarle la situación peliaguda de Kovaliov. Y creyó oportuno mitigar un poco su pesar con algunas palabras de simpatía.

—En verdad lamento mucho el percance que le ha sucedido. ¿No quiere usted tomar un poco de rapé? Disipa los dolores de cabeza y los disgustos. Incluso va bien para las hemorroides.

Con estas palabras, el empleado presentó a Kovaliov su tabaquera escamoteando con bastante agilidad la tapa que representaba a una señora con sombrero.

Esta acción impremeditada sacó de sus casillas a Kovaliov.

—No comprendo cómo se le ocurren esas bromas —dijo irritado—. ¿No está viendo que me falta, precisamente, lo necesario para aspirar el rapé? ¡Al diablo con su tabaco! Ahora no puedo ni verlo, aunque me lo ofreciera de la mejor marca y no esa porquería que fabrica Berezin.

Dicho lo cual, salió profundamente contrariado de la oficina de publicidad para dirigirse a casa del comisario de policía; hombre muy aficionado al azúcar. En el recibimiento, que hacía las veces de comedor, había gran cantidad de pilones de azúcar, amistosa ofrenda de los comerciantes. La sirvienta estaba quitándole al comisario las botas altas de reglamento; la espada y demás atributos guerreros pendían ya pacíficamente en sus rincones; el imponente tricornio había pasado a manos del hijo del comisario, un niño de tres años, y el propio comisario se disponía, después del batallar cotidiano, a gozar de una calma deliciosa.

Kovaliov se presentó cuando el comisario decía, entre un desperezo y un resoplido: «¡Vaya dos horitas de siesta que me voy a echar!» De lo cual podía colegirse que la llegada del mayor era totalmente intempestiva. Y no creo que le hubiera recibido con excesiva afabilidad aun trayéndole en ese momento unas libras de té o una pieza de paño. El comisario era gran amante de todas las artes y los productos manufacturados, aunque por encima de todo prefería los billetes de banco. «Esto sí que es bueno —solía decir—. No hay nada mejor. No piden de comer, ocupan tan poco sitio que siempre caben en el bolsillo y si se caen, no se rompen.»

El comisario dispensó a Kovaliov una acogida bastante fría y dijo que después de comer no era el momento de realizar investigaciones, que era mandato de la propia naturaleza descansar un poco después de alimentarse suficientemente (de lo cual pudo deducir el asesor colegiado que el comisario no ignoraba las sentencias de los sabios de la Antigüedad), que a ninguna persona de orden le arrancan la nariz y que anda por el mundo buen número de mayores de toda calaña que ni siquiera tienen ropa interior decente y frecuentan lugares poco recomendables.

Lo que se llama un buen revolcón. Preciso es señalar que Kovaliov era un hombre sumamente susceptible. Podía perdonar cuanto dijeran de su persona, pero de ningún modo lo que se refiriese a su categoría o a su título. Incluso opinaba que en las obras de teatro se podía pasar por alto todo lo relativo a los oficiales subalternos, pero que de ahí para arriba era inadmisible cualquier ataque. El recibimiento dispensado por el comisario lo ofuscó tanto que sacudió la cabeza y dijo muy digno, abriendo un poco los brazos: «Confieso que, después de observaciones tan afrentosas por su parte, yo no puedo añadir nada…», y se retiró.

Llegó a su casa tan cansado que casi no podía tenerse. Había caído la tarde. Después de tantas gestiones infructuosas, su domicilio le pareció tristón y de lo más repugnante. Cuando entró en el recibimiento descubrió a Iván, su criado, tumbado de espaldas en un mugriento sofá de cuero y dedicado a escupir al techo con tanta puntería que muchas veces acertaba en el mismo sitio. Indignado ante tal indiferencia, Kovaliov le pegó un sombrerazo en la frente rezongando: «Tú siempre haciendo estupideces, ¡cerdo!».

Iván se levantó de un brinco y corrió a quitarle la capa.

Al entrar en su cuarto, el mayor se dejó caer cansado y abatido en un sillón y al fin dijo, después de unos cuantos suspiros:

—¡Dios mío! ¡Dios mío!, ¿qué habré hecho yo para merecer este castigo? Si me hubiera quedado sin un brazo, o sin una pierna, habría sido preferible; incluso sin orejas, aunque estaría mal, aún podría pasar. Pero, ¿qué diablos es un hombre sin nariz? No es un pajarraco ni es un ciudadano honrado. Nada; una cosa que se puede tirar sencillamente por la ventana. Y bueno que el percance hubiera ocurrido en la guerra o en un duelo o por culpa mía. Pero, ¡es que mi nariz ha desaparecido sin más ni más, tontamente!… Aunque, no; no puede ser —añadió después de pensarlo un poco—. Es inconcebible que desaparezca una nariz: de todo punto inconcebible. O estoy soñando, o es una figuración; seguro. O quizá me haya bebido por equivocación, en vez de agua, el vodka de friccionarme la cara después del afeitado. El estúpido de Iván no lo volvería a su sitio, y yo me lo bebí.

Para convencerse de que, efectivamente, no estaba borracho, el mayor se pegó tal pellizco que no pudo reprimir un grito. Aquel dolor lo persuadió de que era realidad todo lo que hacía y lo que le pasaba. Se acercó sigilosamente al espejo, y primero cerró los ojos con la esperanza de que quizá apareciera la nariz en su sitio cuando los abriera, pero al instante pegó un respingo y retrocedió exclamando:

—¡Qué asco de cara!

En efecto, aquello era incomprensible. Si se hubiera perdido un botón, una cuchara de plata, un reloj o cosa por el estilo… Pero, ¡perderse aquello! Y dentro de casa, además… Sopesando todas las circunstancias, el mayor consideró como más probable la hipótesis de que el culpable sólo podía ser la señora Podtóchina, esposa de un oficial de Estado Mayor, que pretendía casar a su hija con Kovaliov. Y él, aunque le agradaba cortejarla, eludió un compromiso definitivo. De manera que cuando la señora Podtóchina le declaró sin ambages que deseaba dársela en matrimonio, él recogió velas poco a poco en sus asiduidades, alegando que todavía era joven y que aún necesitaba hacer méritos en su carrera unos cinco años para cumplir los cuarenta y dos. Y entonces, seguramente por venganza, la señora Podtóchina urdió aquello de desfigurarle, pagando a cualquier bruja agorera, pues no podía admitirse en modo alguno que la nariz hubiera sido cercenada: nadie había entrado en su habitación. Iván Yákovlevich, el barbero, lo afeitó el miércoles, y Kovaliov conservó su nariz íntegra durante todo el miércoles e incluso el jueves a lo largo de todo el día. Eso lo recordaba y lo sabía muy bien. Además, hubiera notado dolor y, desde luego, la herida no habría podido cicatrizarse tan pronto y quedar lisa como la palma de la mano. Se puso a cavilar en si debía denunciar en toda regla a la señora Podtóchina ante los tribunales o personarse él en su casa y echarle en cara su acción. Vino a interrumpir sus reflexiones un destello de luz que penetró por todas las rendijas de la puerta y era indicio de que Iván había encendido ya una vela en el recibimiento. Enseguida apareció el propio Iván con ella, iluminando la estancia. El primer movimiento de Kovaliov fue echar mano de un pañuelo y cubrirse el lugar que su nariz ocupaba todavía la víspera para que aquel estúpido no se quedara con la boca abierta ante un hecho tan insólito en su señor.

Apenas se había retirado Iván a su cuchitril cuando una voz desconocida se dejó oír en el recibimiento:

—¿Vive aquí el asesor colegiado Kovaliov?

—Adelante. Aquí está el mayor Kovaliov —contestó él mismo, levantándose precipitadamente para abrir la puerta.

Entró un guardia de buena prestancia, con patillas no muy claras ni tampoco oscuras y mejillas bastante llenas: el mismo que al comienzo de nuestro relato vimos en un extremo del puente Isákievski.

—¿Es usted el caballero que ha perdido la nariz?

—En efecto.

—Pues ha aparecido.

—¿Qué me dice usted? —lanzó un grito el mayor Kovaliov, y se quedó sin habla de la alegría, mirando fijamente al guardia plantado delante de él, en cuyos mofletes y labios abultados se reflejaba la trémula luz de la vela—. ¿Cómo ha sucedido?

—Por pura casualidad. Le echamos mano cuando casi estaba en camino: iba a tomar ya la diligencia para marcharse a Riga. Y el pasaporte había sido extendido hace ya tiempo a nombre de cierto funcionario. Lo extraño es que, al principio, yo mismo lo tomé por un caballero. Afortunadamente llevaba las gafas, y enseguida me di cuenta de que se trataba de una nariz. Porque le diré que yo soy miope y, si se coloca usted delante de mí, yo sólo veo su cara, pero sin distinguir la nariz, la barba ni nada. Mi suegra, es decir, la madre de mi esposa, tampoco ve nada.

Kovaliov estaba como loco.

—¿Dónde está? ¿Dónde? Voy corriendo…

—No tiene usía por qué molestarse. Suponiendo que le haría a usted falta, la traigo yo. Y, ya ve usted qué raro: el autor principal del hecho es un pícaro barbero de la calle Voznesénskaia que ahora está detenido en el cuartelillo. Hace ya tiempo que yo andaba tras él por borracho y ratero. Anteayer, sin ir más lejos, robó una docena de botones en una tienda. En cuanto a la nariz de usía, está exactamente igual que estaba.

Con estas palabras, el guardia metió la mano en un bolsillo, de donde extrajo la nariz envuelta en un papel.

—¡Ésa es! ¡Sí, sí! —gritó Kovaliov—. Hoy tiene usted que quedarse a tomar una taza de té conmigo.

—Aceptaría con sumo gusto, pero no puedo de ninguna manera: desde aquí tengo que acercarme al manicomio. Han subido mucho los precios de todas las subsistencias… Yo debo mantener a mi suegra, la madre de mi esposa, que vive con nosotros, y a mis hijos. El mayor, sobre todo, es un chico listo, que promete mucho, pero carezco totalmente de posibilidades para darle estudios…

Kovaliov se dio por enterado y, tomando de encima de la mesa un billete de diez rublos, lo puso en manos del guardia que abandonó la estancia después de pegar un taconazo y cuya voz oyó Kovaliov casi al instante en la calle aleccionando, con acompañamiento de puñetazos, a un estúpido mujik que se había metido en la acera con su carreta.

Después de marcharse el guardia, permaneció el asesor colegiado unos minutos como aturdido y sólo al cabo de ese tiempo, tal era el desconcierto que le produjo la inesperada alegría, recobró la capacidad de ver y sentir. Tomó con precaución la nariz en el cuenco formado por las dos manos y volvió a observarla atentamente.

—Es ella, claro que sí —decía el mayor Kovaliov—. Aquí está, en el lado izquierdo, el granito que le salió ayer.

El mayor estuvo a punto de soltar la risa de alegría.

Pero no hay nada eterno en el mundo. Por eso, la alegría del primer instante no es ya tan viva a los dos minutos, al tercero se debilita más aún y al fin se diluye inadvertidamente con el estado de ánimo habitual, lo mismo que el círculo formado en el agua por la caída de una piedra acaba diluyéndose en la superficie lisa. Kovaliov se puso a cavilar y sacó en claro que todavía no estaba todo terminado: la nariz había aparecido, sí; pero faltaba ponerla y ajustarla en su sitio.

—¿Y si no se pega?

El mayor se quedó lívido al hacerse esta pregunta.

Presa de un miedo indescriptible corrió a la mesa y acercó el espejo, no fuera a colocarse la nariz torcida. Le temblaban las manos. Con cuidado y mucho tiento aplicó la nariz en el lugar de antes. ¡Qué espanto! La nariz no se pegaba… La acercó a su boca, le echó el aliento para calentarla y de nuevo la aplicó a la superficie lisa que se extendía entre sus mejillas; la nariz no se sujetaba de ninguna manera.

—¡Vamos! Pero, ¡vamos! ¡Quédate ahí! —le decía.

Pero la nariz parecía de madera y caía sobre la mesa con un ruido extraño, como si fuera un corcho. Una mueca contrajo el rostro del mayor. «¿Será posible que no se pegue?», se preguntaba asustado. Pero, por muchas veces que colocó la nariz en el lugar adecuado, todos sus esfuerzos continuaron siendo estériles.

Llamó a Iván y lo mandó en busca del médico que vivía en el entresuelo de la misma casa, ocupando el mejor piso. Aquel médico era hombre de gran prestancia, que poseía unas magníficas patillas negras, y una esposa lozana; rebosante de salud, se desayunaba con manzanas y cuidaba esmeradamente el aseo de su boca, enjuagándose cada mañana durante casi tres cuartos de hora y puliéndose los dientes con cinco cepillos distintos. El doctor acudió al instante. Después de inquirir el tiempo transcurrido desde el percance, levantó la cara de Kovaliov agarrándolo por la barbilla y le pegó tal papirotazo en el lugar antes ocupado por la nariz que el mayor echó violentamente la cabeza hacia atrás hasta pegar con la nuca en la pared. El médico dijo que aquello no era nada, lo invitó a apartarse un poco de la pared, le hizo volver la cabeza hacia la derecha y, después de palpar el sitio donde antes se encontraba la nariz, dijo «ummm». Luego le mandó volver la cabeza hacia el lado izquierdo, profirió otra vez «ummm» y, finalmente, le pegó con el pulgar otro papirotazo que hizo respingar al mayor Kovaliov lo mismo que un caballo cuando le miran los dientes. Después de esta prueba, el médico sacudió la cabeza diciendo:

—No. No puede ser. Preferible es dejarlo así, porque podría quedar peor. Arreglo tiene, desde luego, y yo mismo se la pondría quizá ahora mismo. Pero le aseguro que sería peor para usted.

—¡Ésta sí que es buena! ¿Cómo voy a quedarme sin nariz? —protestó Kovaliov—. Peor que ahora, imposible. ¿Qué demonios es esto? ¿Dónde me presento yo con esta facha? Yo tengo muy buenas relaciones. Hoy mismo debo asistir a dos veladas. Conozco a mucha gente: la señora Chejtariova, esposa de un consejero de Estado, la señora Podtóchina, casada con un oficial del Estado Mayor… Aunque, después de su actual comportamiento, mi único trato con ella puede ser a través de la policía. Por favor se lo ruego —prosiguió Kovaliov suplicante—. ¿No hay ningún remedio? Póngamela como sea, aunque no quede bien, con tal de que se sostenga. Incluso podría sujetarla un poco con la mano en los casos de apuro. Además, como no bailo, tampoco es de temer ningún movimiento brusco que la perjudique. Y en lo referente a agradecerle su visita, tenga por seguro que, en la medida de mis posibilidades…

—Crea usted —intervino el doctor en un tono que no era ni alto ni bajo, pero sí sumamente persuasivo y magnético— que yo nunca ejerzo por el dinero. Eso sería contrario a mis normas y a mi arte. Cierto que cobro mis visitas, pero con el único fin de no agraviar a nadie al negarme.

Desde luego, yo podría ajustar su nariz. Sin embargo, y lo afirmo por mi honor, si mi palabra no le basta, quedaría mucho peor. Deje actuar a la naturaleza. Las frecuentes abluciones frías lo mantendrán a usted, aun sin nariz, tan sano como si la tuviera, se lo aseguro. En cuanto a la nariz, le aconsejo que la meta en un frasco de alcohol o, mejor todavía, añadiendo una solución de dos cucharadas de vodka fuerte y vinagre caliente. Entonces podrá sacar por ella una cantidad respetable. Yo mismo se la compraría si no se excede en el precio.

—¡No, no! No la vendería por nada del mundo —protestó el mayor desesperado—. ¡Prefiero que desaparezca!

—Perdone usted, pero yo quería hacerle un favor —replicó el médico saludando—. ¡En fin! Por lo menos, habrá usted visto mi buena intención.

Con estas palabras, el médico abandonó muy dignamente la estancia. Kovaliov no se había fijado siquiera en su rostro, ya que, en su profundo abatimiento, sólo acertó a ver los puños de la camisa pulcra y blanca como la nieve asomando por las mangas del frac negro.

Al día siguiente, y antes de presentar querella, se decidió a escribir a la señora del oficial de Estado Mayor para ver si accedía a devolverle de buen grado lo que era suyo. La carta decía lo siguiente:

«Muy señora mía, Alexandra Grigórievna:

»No alcanzo a comprender tan extraño proceder por parte suya. Tenga la seguridad de que, obrando de este modo, no ganará usted nada ni me obligará en modo alguno a casarme con su hija. Crea usted que me hallo perfectamente enterado de la historia de mi nariz como también de que usted y nadie más que usted ha sido la principal causante de ella. El súbito desprendimiento, la fuga y el disfraz de mi apéndice nasal, apareciendo primero bajo el aspecto de un funcionario y luego con el suyo propio, no son ni más ni menos que consecuencia de las hechicerías practicadas por usted o por quienes se ejercitan en menesteres tan nobles como los suyos. Por mi parte, considero deber mío advertirle que si el susodicho apéndice no se reintegra hoy mismo a su sitio, me veré en la obligación de apelar a la defensa y la protección de las leyes.

»Por lo demás, con todos mis respetos, tengo el honor de quedar de usted, seguro servidor

Platón Kovaliov.»

«Muy señor mío, Platón Kuzmich:

«Su carta me ha dejado sumamente sorprendida. Le confieso a usted con toda sinceridad que nunca esperé nada parecido y menos aún lo referente a los injustos reproches de usted. Pongo en su conocimiento que jamás he recibido en mi casa, ni con disfraz ni bajo su aspecto propio, al funcionario a quien usted alude. No niego que me ha visitado Filipp Ivánovich Potánchikov. Pero, aunque él aspiraba, es cierto, a la mano de mi hija —y tratándose de una persona de conducta buena y sobria, así como de muchos estudios—, yo nunca le he dado la menor esperanza. También menciona usted la nariz. Si con ello quiere dar a entender que yo me proponía dejarle con tres cuartas de narices, o sea, darle una negativa rotunda, me sorprende que sea usted quien lo diga, sabiendo como sabe que mi intención es muy otra y que si usted se compromete ahora mismo y en debida forma con mi hija, yo estoy dispuesta a acceder sin dilación, pues tal ha sido siempre el objeto de mis más fervientes deseos, en espera de lo cual quedo siempre al servicio de usted

Alexandra Podtóchina.»

«No, seguro que no ha sido ella —se dijo Kovaliov después de leer la misiva—. ¡Imposible! En la forma que está escrita la carta, no puede ser obra de quien haya cometido un delito. —El asesor colegiado era hombre entendido en la materia; pues, hallándose todavía en la región del Cáucaso, había sido encargado varias veces de instruir sumario—. ¿Cómo ha podido suceder esto? ¿De qué manera? Sólo el demonio lo entendería», concluyó desalentado.

Entretanto, corrían ya por toda la capital los rumores acerca de tan extraordinario suceso, adornado con toda clase de exageraciones, como suele ocurrir. Precisamente por entonces se hallaban las mentes orientadas hacia lo sobrenatural, pues hacía poco tiempo que a todos intrigaban los experimentos sobre los efectos del magnetismo. Además, como la historia de las sillas danzantes de la calle Koniúshennaia era todavía reciente, nada tiene de particular que al poco tiempo se empezara a comentar que la nariz del asesor colegiado solía pasearse a las tres en punto de la tarde por la Avenida Nevski. Y a diario acudía allí una multitud de curiosos. Alguien anunció que la nariz se encontraba en la tienda de Junker, y frente al establecimiento se formó tal aglomeración que hubo de intervenir la policía. Un especulador con aspecto respetable, que usaba patillas y solía vender pastas variadas a la puerta del teatro, fabricó especialmente unos magníficos y sólidos bancos de madera que alquilaba, a razón de ochenta kopecs por persona, a cuantos curiosos deseaban subirse en ellos para ver mejor. Un benemérito coronel salió de su casa con ese único fin antes que de costumbre y a duras penas logró abrirse paso entre el gentío; pero, cuál no sería su indignación al ver en el escaparate de la tienda, en lugar de la nariz, una simple camiseta de lana y una litografía representando a una jovencita que se subía una media mientras un petimetre con chaleco de solapas y barbita la espiaba desde detrás de un árbol. Dicha litografía llevaba ya más de diez años colgada en el mismo sitio. Al retirarse, el coronel dijo contrariado: «¿Cómo se puede soliviantar a la gente con bulos tan estúpidos e inverosímiles?»

Luego cundió la especie de que no era por la Avenida Nevski sino por el jardín de Taurida por donde se paseaba la nariz del mayor Kovaliov y eso, desde hacía ya mucho tiempo. Tanto, que cuando Jozrev—Mirza se alojó allí, le sorprendió sobremanera aquel extraño capricho de la naturaleza.

Allá fueron algunos estudiantes de la Academia de Cirugía. Una ilustre y noble dama rogó al vigilante del jardín, por carta especial, que mostrara a sus hijos el raro fenómeno y, a ser posible, se lo explicara de modo instructivo y a la vez edificante para ellos.

Todos estos hechos fueron acogidos con gran regocijo por los caballeros asiduos de las veladas de sociedad y aficionados a distraer a las señoras con curiosas historias, cuyo repertorio se encontraba por entonces agotado. Una minoría de respetables personas de orden estaba sumamente descontenta. Un señor decía, muy sulfurado, que no comprendía cómo era posible que se propalaran absurdos infundios en nuestro siglo ilustrado y que le sorprendía que el gobierno no prestara atención al hecho. Al parecer, ese señor era de los que quisieran complicar al gobierno en todo; incluso en las trifulcas cotidianas que tiene con su esposa. Luego… Pero, a partir de aquí, de nuevo queda el suceso totalmente envuelto en brumas y no se sabe nada en absoluto de lo acaecido después.

III

En el mundo ocurren verdaderos disparates. A veces, sin la menor verosimilitud; súbitamente, la misma nariz que andaba de un lado para otro con uniforme de consejero de Estado y que tanto alboroto había armado en la ciudad volvió a encontrarse como si tal cosa en su sitio, es decir, exactamente entre las dos mejillas del mayor Kovaliov. Esto sucedió ya en el mes de abril, el día 7. Al despertarse y lanzar una mirada fortuita al espejo, descubrió el mayor que allí estaba la nariz. Echó mano de ella, y allí estaba, sí! «¡Al fin!», exclamó Kovaliov y, de la alegría, estuvo a punto de ponerse a bailar, tal y como estaba, descalzo, por toda la habitación; pero la entrada de Iván se lo impidió. Enseguida pidió agua para lavarse y, mientras se aseaba, lanzó otra mirada al espejo. ¡Allí estaba la nariz! Cuando se secaba con la toalla, miró una vez más: ¡allí estaba la nariz!

—Mira a ver, Iván: parece como si tuviera un granito en la nariz —dijo al tiempo que pensaba—: «Menudo disgusto si Iván me dice ahora: Pues no, señor; no veo ningún grano ni tampoco veo la nariz.»

Pero Iván contestó:

—No; no hay ningún grano. No tiene nada en la nariz.

«Esto ya está bien, ¡qué demonios!», se dijo el mayor chascando los dedos. En ese momento asomó por la puerta el barbero Iván Yákovlevich, pero con tanto temor como un gato al que acaban de atizar por robar tocino.

—Lo primero que debes decirme es si traes las manos limpias —lo interpeló ya desde lejos Kovaliov.

—Sí. Claro que están limpias.

—¡Mentira!

—Le juro que están limpias, señor.

—Bueno. Ya veremos.

Kovaliov se sentó. Iván Yákovlevich le puso el paño y, con la brocha, convirtió su barba y parte de las mejillas en algo parecido a la crema que se suele servir en los convites onomásticos de los comerciantes.

«¡Bueno!… —exclamó Iván Yákovlevich para sus adentros contemplando la nariz, y luego torció la cabeza hacia el lado opuesto para verla de perfil—. ¡Mírenla ustedes!… ¡Ahí está! Aunque la verdad es que, si se para uno a pensar…», agregó, y estuvo mirando todavía un buen rato la nariz. Finalmente, con toda la delicadeza y todo el esmero que se puede uno imaginar, levantó dos dedos para sujetarla por la punta, pues tal era el sistema de Iván Yákovlevich.

—¡Eh, eh, tú! ¡Cuidado! —gritó Kovaliov.

Más aturdido y confuso todavía, Iván Yákovlevich retiró la mano. Al fin comenzó a pasar la navaja por debajo del mentón y, aunque le resultaba muy incómodo y difícil rapar sin tener sujeto el órgano del olfato, logró vencer todos los obstáculos y terminar de afeitar ingeniándoselas para atirantar la piel con su áspero dedo pulgar apoyado unas veces en la mejilla y otras veces en la mandíbula inferior del mayor.

Cuando todo estuvo listo, Kovaliov se apresuró a vestirse inmediatamente, tomó un coche de punto y se fue derechito a una pastelería. Nada más entrar, gritó desde lejos: «¡Un chocolate, muchacho!» y al instante se dirigió hacia un espejo. ¡Tenía la nariz! Dio media vuelta lleno de alegría y contempló con aire sarcástico, entornando un poco los párpados, a dos militares: la nariz de uno de ellos tenía apenas el tamaño de un botón de chaleco. Luego se dirigió a las oficinas del Departamento donde estaba gestionando un puesto de vicegobernador o de ejecutor, en su defecto. Al cruzar la antesala, se miró a un espejo: ¡allá estaba la nariz! Más tarde fue a visitar a otro asesor colegiado —o mayor, si se quiere—, gran amigo de chanzas, a cuyas mordaces observaciones solía contestar Kovaliov: «¡Demasiado te conozco a ti. Eres un criticón!» Durante el trayecto, iba pensando: «Si el mayor no revienta de risa al verme, seguro es que cada cosa está en su sitio.» Pero el asesor colegiado se quedó tan campante. «Perfecto, perfecto, ¡qué demonios!», se dijo Kovaliov. Después se encontró con la señora Podtóchina, esposa de un oficial de Estado Mayor, y su hija. Las saludó y fue acogido con exclamaciones de júbilo: por tanto, no se advertía en él ningún defecto. Conversó con ellas un buen rato y, sacando adrede la tabaquera, se complació largamente delante de ellas en atascar su nariz de rapé por ambos conductos, mascullando para sus adentros: «Así, para que se enteren, cabezas de chorlitos. Y con la hija no me caso, desde luego. Así por las buenas, *par amour*, ¡ni pensarlo!» A partir de entonces, el mayor Kovaliov volvió a pasearse como si tal cosa por la Avenida Nevski, a frecuentar los teatros y acudir a todas partes. Y también su nariz campaba en medio de su rostro como si tal cosa, sin aparentar siquiera que hubiera faltado nunca de allí. Después de todo esto pudo verse al mayor Kovaliov siempre de buen humor, sonriente, rondando absolutamente a todas las mujeres bonitas e incluso detenido una vez delante de una tienda de Gostínni Dvor para comprar el pasador de una condecoración, si bien por motivos desconocidos, ya que él no era caballero de ninguna orden.

¡Ahí tienen ustedes lo sucedido en la capital norteña de nuestro vasto imperio! Y únicamente ahora, atando cabos, vemos que la historia tiene mucho de inverosímil. Sin hablar ya de que resulta verdaderamente extraña la separación sobrenatural de la nariz y su aparición en distintos lugares bajo el aspecto de consejero de Estado. ¿Cómo no se le ocurrió pensar a Kovaliov que no se podía anunciar el caso de su nariz en los periódicos a través de la Oficina de Publicidad? Y no lo digo en el sentido de que me parezca excesivo el precio del anuncio: es una nadería y yo estoy lejos de ser una persona roñosa. ¡Pero, es que resulta desplazado, violento, feo! Y otra cosa: ¿cómo fue a parar la nariz al interior de un panecillo y cómo es que Iván Yákovlevich…? Nada, nada, que no lo entiendo. ¡No lo entiendo de ninguna manera! Pero lo más chocante, lo más incomprensible de todo es que los autores sean capaces de elegir semejantes temas. Confieso que esto es totalmente inconcebible, es como si… ¡Nada, nada, que no lo entiendo! En primer lugar, que no le da ningún provecho a la patria; en segundo lugar…

Bueno, pues, en segundo lugar, tampoco le da provecho. No sé lo que es esto, sencillamente…

Aunque, sin embargo, con todo y con ello, si bien, naturalmente, se puede admitir esto y lo otro y lo de más allá, es posible incluso… Porque, claro ¿dónde no suceden cosas absurdas? Y es que, no obstante, si nos paramos a pensar, seguro que hay algo en todo esto. Se diga lo que se diga, sucesos por el estilo ocurren en el mundo. Pocas veces, pero ocurren.

DIARIO DE UN LOCO

3 de octubre

Hoy ha tenido lugar un acontecimiento extraordinario. Me levanté bastante tarde, y cuando Marva me trajo las botas relucientes, le pregunté la hora. Al enterarme de que eran las diez pasadas, me apresuré a vestirme. Reconozco que de buena gana no hubiera ido a la oficina, al pensar en la cara tan larga que me iba a poner el jefe de la sección. Ya desde hace tiempo me viene diciendo: "Pero, amigo, ¿qué barullo tienes en la cabeza? Ya no es la primera vez que te precipitas como un loco y enredas el asunto de tal forma que ni el mismo demonio sería capaz de ponerlo en orden. Ni siquiera pones mayúsculas al encabezar los documentos, te olvidas de la fecha y del número. ¡Habrase visto!…"

¡Ah! ¡Condenado jefe! Con toda seguridad que me tiene envidia por estar yo en el despacho del director, sacando punta a las plumas de su excelencia. En una palabra, no hubiera ido a la oficina a no ser porque esperaba sacarle a ese judío de cajero un anticipo sobre mi sueldo. ¡También ése es un caso! ¡Antes de adelantarme algún dinero sobrevendrá el Juicio Final! ¡Jesús, qué hombre! Ya puede uno asegurarle que se encuentra en la miseria y rogarle y amenazarle; es lo mismo: no dará ni un solo centavo. Y, sin embargo, en su casa, hasta la cocinera le da bofetadas. Eso todo el mundo lo sabe.

No comprendo qué ventajas se tiene al trabajar en un departamento ministerial. Ni siquiera dispone uno de recursos. Pero no sucede así en la Administración Provincial, ni en el Ministerio de Hacienda, ni en el Tribunal Civil. Allí ves a un empleado cualquiera sentado humildemente en un rincón escribiendo. Lleva un frac gastado y su aspecto es tal que ni siquiera merece que se le escupa encima. Sin embargo, fíjate en la villa que alquila durante el verano. No se te ocurra regalarle una taza de porcelana dorada, pues te dirá que eso es digno de un médico. Él se conforma tan sólo con un coche de lujo o unos drojkas o una piel de visón de 300 rublos. Y, no obstante, por su aspecto parece tan modesto, y al hablar es tan fino. Te pide, por ejemplo, que le prestes la navaja para sacar punta a su pluma, y si te descuidas un poco, te despluma de tal forma, que ni siquiera te deja la camisa.

Pero reconozco que nuestra oficina es diferente, y en toda ella reinan una limpieza de conducta y una honradez tales, que ni por soñación puede haberlas en la Administración Provincial. Además, todos los jefes se tratan de usted. Confieso que, a no ser por la honradez y el buen tono de mi oficina, hace ya mucho tiempo que hubiera dejado el departamento ministerial.

Me puse el viejo capote y cogí el paraguas, pues llovía a cántaros. En la calle no había nadie. Sólo tropecé con mujeres de pueblo que se arropaban con los faldones de sus abrigos, comerciantes que caminaban resguardándose de la lluvia bajo sus paraguas, y cocheros. Gente bien no se veía por ningún sitio, a excepción de nuestra modesta persona, que caminaba bajo la lluvia. En cuanto la vi en un cruce, pensé en seguida: "¡Eh, amiguito! Tú no vas a la oficina. Tú estás dispuesto a seguir a ésa que va delante de ti y cuyas piernas estás mirando. ¡Qué locuras son ésas! La verdad es que eres peor que un oficial. Basta con que pase cualquier modistilla para que te dejes engatusar".

Precisamente en el momento en que estaba pensando esto vi cómo una carroza se detenía ante un almacén junto al que yo me encontraba. En seguida reconocí la carroza: era la de nuestro director. Me supuse que debería de ser de su hija, pues él no tenía por qué ir a estas horas a un almacén. El lacayo abrió la portezuela, y la joven saltó del coche, como un pajarito. Echó unas miradas en torno suyo, y al alzar sus ojos sentí que mi corazón quedaba herido… ¡Dios mío, estoy perdido! ¡Estoy perdido irremediablemente!

Y ¿por qué habrá salido ella con este mal tiempo? Después de esto nadie se atrevería a decir que las mujeres no se vuelven locas por los trapos.

Ella no me reconoció y yo procuré ocultarme y pasar inadvertido, pues llevaba un capote muy manchado y cuyo corte, además, estaba pasado de moda. Ahora se llevan las capas con cuellos muy largos, y el mío era muy corto; además, el paño de mi capote distaba mucho de ser elegante. Su perrita no tuvo tiempo de entrar y se quedó en la calle. Yo la conozco, se llama Medji. No había transcurrido ni un minuto, cuando oí de repente una vocecilla que decía:

—¡Hola, Medji!

Vaya. ¿Quién será el que habla? Miré y vi a dos señoras que caminaban debajo de un paraguas. Una de ellas era ya anciana; la otra, muy jovencita. Pero ellas ya habían pasado, y nuevamente volví a oír la misma voz a mi lado.

—¡Debería darte vergüenza, Medji!

¡Qué diablos! Vi que Medji estaba olfateando al perro que iba con las dos señoras. "¡Vaya! ¿No estaré borracho? —pensé para mis adentros—. ¡Menos mal que esto no me ocurre a menudo!"

—No, Fidele; estás equivocado. Yo estuve… Hau, hau… Yo estuve muy enferma.

¡Vaya con la perrita! Confieso que me quedé muy sorprendido al oírle hablar como una persona; pero después de reflexionarlo bien, no hallé en ello nada extraño. En efecto, en el mundo se dan muchos ejemplos de la misma índole. Cuentan que en Inglaterra emergió un pez y dijo dos palabras en un idioma extraño, tan raro, que desde hace dos o tres años los sabios hacen investigaciones acerca de él y aún no han logrado clasificarlo. También leí en los periódicos que dos vacas entraron en una tienda y pidieron medio kilo de té. Pero reconozco que me quedé aún mucho más sorprendido al oírle decir a Medji:

—¡Es verdad que te escribí, Fidele! Seguramente Polkan no te llevaría la carta.

Aunque me juegue el sueldo, apostaría que nunca se ha dado el caso de un perro que escriba. Sólo los nobles pueden escribir. Claro que también algunos comerciantes, oficinistas y, a veces, hasta la gente del pueblo sabe escribir un poco; pero lo hace de un modo mecánico, sin poner ni comas, ni puntos, y, claro está, sin ningún estilo.

Esto me dejó muy sorprendido. He de confesar que desde hace algún tiempo a veces oigo y veo unas cosas que nadie vio ni oyó jamás.

“Voy a seguir a esta perrita, y así me enteraré de quién es y de lo que piensa”, resolví para mí. Abrí el paraguas y me puse a seguir a las dos señoras. Cruzamos la calle Gorojovaia y nos dirigimos a la calle Meschanskaia, y desde allí a la de Stoliar, y, finalmente, llegamos al puente de Kokuchkin, deteniéndonos ante una casa de grandes dimensiones. “Conozco esta casa —pensé para mí—: es la de Zverkov. ¡Un verdadero hormiguero! Pues sí que viven allí pocos cocineros y viajantes. En cuanto a los empleados, abundan como chinches. Allí vive un amigo mío que toca muy bien la trompeta.”

Las señoras subieron al quinto piso. “Bueno —pensé— ahora me voy a ir, pero antes he de fijarme bien en el sitio, para aprovecharlo en la primera ocasión que se me presente.”

4 de octubre

Hoy es miércoles, y por eso estuve en el despacho de nuestro director. Vine a propósito un poco antes. Me senté y me puse a sacar punta a todas las plumas. Nuestro director debe de ser un hombre muy inteligente; tiene el despacho lleno de armarios con libros. Leí los títulos de algunos libros, y todos son científicos; así que ni por soñación son asequibles a nosotros, los empleados; además, todos están o en francés o en alemán. Cuando se mira a nuestro director, sorprende a uno por su aspecto imponente y por la seriedad que refleja toda su persona. Todavía no he oído nunca que haya dicho una palabra de más. Sólo cuando se le entregan los documentos suele preguntar:

—¿Qué tiempo hace fuera?

—Hace mucha humedad, excelencia.

La verdad es que las personas, como nosotros, no se pueden comparar con él. Es lo que se dice un verdadero hombre de Estado. He notado, sin embargo, que me tiene especial cariño. ¡Ah, si su hija…! ¡No, eso es una canallada!… Me entretuve leyendo *La Abeja*. ¡Qué gente tan estúpida son los franceses! ¿Qué es lo que pretenden? ¡De buena gana los hubiera cogido a todos y les hubiera dado una buena paliza!

Allí también leí la descripción de un baile hecha por un terrateniente de la provincia de Kurck. Los terratenientes de Kurck suelen escribir muy bien. Después me di cuenta de que eran ya las doce y media y que nuestro director aún no había salido de su dormitorio. Pero a eso de la una y media tuvo lugar un acontecimiento que ninguna pluma sería capaz de relatar. Se abrió la puerta, yo me levanté de un salto con los papeles en la mano, pensando que sería el director; pero cuál fue mi sorpresa cuando vi que era ella. ¡Jesús, cómo iba vestida! Llevaba un traje blanco y vaporoso como un cisne. ¡Y qué vaporoso! Y al alzar los ojos creí que me alcanzaban los rayos del sol. Me saludó y dijo con una voz semejante a la de un canario:

—¿No ha venido papá?

"Excelencia —quise decirle—, ¿quiere usted castigarme? Pues si tal es su deseo, que lo haga su excelencia con su propia manita." Pero ¡qué demonios! La lengua se me trabó; así es que sólo pude decir:

—No, no estuvo.

Ella me echó una mirada y miró también los libros y… dejó caer su pañuelo. Yo me precipité en seguida para recogerlo, pero resbalé sobre ese maldito entarimado y poco me faltó para caerme; sin embargo, logré conservar el equilibrio y alcancé el pañuelo. ¡Señor, qué pañuelo! Era de batista finísima.

Ella me dio las gracias y sus labios esbozaron una sonrisa un tanto irónica; luego se fue. Yo me quedé una hora hasta que el criado vino y me dijo:

—Márchese a casa, Aksenti Ivanovich. El señor ya salió.

No puedo soportar a los criados; siempre están tumbados en el vestíbulo, y ni por casualidad saludan a uno. Y no sólo eso, sino que un día, a una de estas bestias se le ocurrió ofrecerme un poco de tabaco sin levantarse de su sitio. ¡Como si no supiera el muy tonto que yo soy un funcionario de familia noble! No obstante, cogí yo mismo mi sombrero y mi capote y me los puse, pues sería inútil esperar ayuda de esa gente. Salí a la calle. Al llegar a casa me pasé un buen rato tumbado en la cama. Después copié unos versos muy bonitos:

¡Mi almita!
En tu ausencia,
Una
hora,
un año completo parece pasado sin ti.
¡Odiosa es la vida,
ya
solo,
señora!

Por eso yo pienso: *"Si tú no vinieses, mejor es morir"*
Deben de ser de Pushkin. Por la tarde, arropándome bien con mi capote, fui a casa de su excelencia, en donde estuve esperando para ver si la veía salir al subir en coche; pero ella no salió.
6 de noviembre
El jefe de personal me ha puesto fuera de mí. Hoy, cuando llegué a la oficina, me hizo llamar y me dijo lo siguiente:
—Pero dime: ¿qué es lo que estás haciendo?
—¡Cómo! Yo no hago nada —le respondí.
—Bueno. Reflexiona un poco. Ya has pasado de los cuarenta; me parece que es hora de que te vuelvas un poco más inteligente. ¿Crees acaso que no estoy enterado de todas tus andanzas? ¡Sé muy bien que andas detrás de la hija del director! Pero, hombre, ¡mírate al espejo! ¡Piensa en lo que eres! ¡No eres más que un cero, que es menos que nada! ¡Si no tienes ni un centavo! Pero ¡mírate…, mírate la cara en el espejo! ¡Cómo puedes tú pensar en esas cosas!

¡Demonios! ¿Qué se habrá creído él? Si tiene cara de bola de billar con cuatro pelos en la cabeza que se unta de pomada y lleva rizados que es una irrisión. Y se cree que a él todo le está permitido. Ya comprendo por qué está furioso: es que me tiene envidia. Seguramente habrá visto que soy objeto de sus marcadas preferencias. ¡Pero ya puede decir cuanto quiera, que me tiene sin cuidado! ¡Pues tampoco tiene tanta importancia un consejero de la Corte! ¡Por llevar una cadena de oro en su reloj y encargarse unas botas de 30 rublos se cree alguien! ¡Que se vaya al diablo! ¿Acaso se cree que soy hijo de un plebeyo o de un sastre o de un sargento? Soy noble. También yo puedo llegar a obtener el mismo cargo que él. Sólo tengo cuarenta y dos años, que en realidad es la edad cuando precisamente se empieza a trabajar. ¡Espera, amigo: también yo llegaré a ser coronel, y con la ayuda de Dios quizás algo más! También yo gozaré de una reputación mejor que la tuya. ¿Qué te crees, que en el mundo no hay hombre más formal que tú? Espera un poco: cuando yo tenga un frac cortado a la moda y una corbata como la tuya, entonces no me llegarás ni a la punta de los zapatos. Lo malo es que no dispongo de medios.

8 de noviembre

Estuve en el teatro. Ponían Filatka, el tonto ruso. Me reí mucho. Daban también un vaudeville con unos cuplés muy graciosos sobre los jueces, particularmente uno que se refería a un consejero de registro, y que era tan fuerte, que me extrañó que le hubiera dejado pasar la censura. En cuanto a los comerciantes se decía que abiertamente engañaban al pueblo, y que sus hijos armaban unas juergas terribles y se esforzaban por llegar a ser nobles. También había un cuplé muy gracioso sobre los periodistas y la pasión que tienen de criticarlo todo; de modo que los autores de hoy en día escriben unas piezas muy entretenidas. A mí me gusta mucho ir al teatro. En cuanto tengo algún dinero en el bolsillo no puedo contenerme y voy. Pero entre nosotros los empleados hay muchos que no van, aunque se les regale el billete. También cantó muy bien una artista. Me acordé de aquello…, ¡bueno, es una canallada!…; así es que no digo nada…

9 de noviembre

A las ocho fui a la oficina. El jefe de la sección hizo así como si no reparara en mí y en que había llegado. Yo también hice como si entre nosotros nada hubiera ocurrido. Me entretuve ojeando los anuncios y luego comparándolos. Salí a las cuatro y pasé delante del piso del director, pero no vi a nadie. Después de comer estuve casi todo el tiempo echado en la cama.

11 de noviembre

Hoy estuve en el despacho de nuestro director y saqué punta a veinticuatro plumas de su excelencia y a cuatro de su hija. A él le gusta y encanta que haya muchas plumas. ¡Ah, qué cerebro el suyo! Siempre está callado, pero su cabeza debe de estar siempre reflexionando. Me hubiera gustado saber en qué suele pensar y qué es lo que encierra aquella cabeza. Me interesaría observar de cerca la vida de estos señores, conocer todas las intimidades y las intrigas de la Corte, saber cómo piensan y lo que suelen hacer entre ellos. Muchas veces pensé entablar conversación con su excelencia, pero el caso es que mi lengua se niega a obedecerme. Sólo consigue pronunciar: "Afuera hace frío o calor", y de allí no pasa. Me hubiera gustado echar una mirada al salón cuya puerta a veces está abierta, y también a las otras habitaciones. ¡Qué lujo y qué riqueza hay allí! ¡Qué espejos y qué porcelanas! ¡Cuánto me alegraría echar una mirada a aquella parte del piso donde se encuentra la hija de su excelencia! ¡Ah, esto sí que me gustaría!… Estar allí en el tocador, donde hay todos esos tarritos y cajitas, esas flores tan delicadas que da miedo tocarlas; ver su vestido, más ligero que el aire, por allí tirado. Me encantaría ver su dormitorio… Debe de ser un sueño, un verdadero paraíso de ésos que ni en el cielo existen. Si pudiera ver el taburetito sobre el cual pone el pie al levantarse de la cama y cómo se pone una media blanca como la nieve sobre aquella pierna… ¡Ay, Señor!… No. Mejor es que me calle y no diga nada…

Sin embargo, hoy parece ser que el cielo me ha iluminado, pues de repente me acordé de la conversación que oí en el Nevski a los dos perros. "Está bien —pensé para mis adentros— ahora lo averiguaré todo. Es preciso que intercepte la correspondencia de estos dos perros, pues ella me procurará muchos datos." He de confesar que una vez llamé a Medji y le dije:

—Escúchame, Medji: ahora estamos solos; si quieres, hasta puedo cerrar la puerta para que nadie nos vea. Anda, cuéntame todo lo que sepas sobre tu señorita: dime cómo es, y yo te juro que no se lo diré a nadie.

Pero la muy tuna encogió el rabo entre las patas y se escabulló silenciosamente por la puerta como si no hubiera oído nada. Sospeché desde hace tiempo que los perros son mucho más inteligentes que las personas, y que incluso pueden hablar; sólo que son bastante tercos. El perro es un verdadero político: todo lo nota, no se le escapa ni un paso del hombre. Mañana sin falta he de ir a casa de Zverkov. Interrogaré a Fidele, y si puedo, le cogeré todas las cartas que le escribe Medji.

12 de noviembre

Al día siguiente salí a las dos, con la firme intención de ver a Fidele y de interrogarla. El olor a repollo que sale de todas las tiendas de la calle Meschanskaia me pone enfermo, y además, las alcantarillas de las casas tienen un olor tal, que no tuve más remedio que taparme la nariz con el pañuelo y echar a correr. Aquí es imposible pasear, pues toda esa gente que trabaja en oficios llena la calle de humo y hollín.

Al tocar la campanilla, vino a abrirme una joven bastante mona, con la cara salpicada de pecas; era la misma que acompañaba a la anciana.

Se ruborizó un poco al verme, y yo comprendí en seguida que ansiaba tener novio.

—¿Qué desea? —me preguntó.

—Necesito hablar con su perrita —le respondí. La joven era tonta y yo lo noté en seguida. Mientras tanto, la perrita se precipitó ladrando; yo quise cogerla, pero la muy bribona por poco me muerde la nariz. Pero yo ya había visto su nido o camita, y era justamente lo que buscaba. Me acerqué a él y revolví la paja que había en un cajón; con sumo placer vi un paquete con pequeños papelitos. Esa maldita, al ver lo que hacía, me mordió primero en la pantorrilla, y después, al darse cuenta de que yo cogía los papeles, empezó a ladrar con ademán de acariciarme; pero yo le dije: "No, guapa; no hay nada que hacer". Me parece que la joven debió de tomarme por un loco, pues se asustó terriblemente. Al llegar a casa quise ponerme en seguida a descifrar esos papeles, porque no veo muy bien a la luz de las velas. Pero a Marva se le ocurrió fregar el suelo. Estas estúpidas finlandesas siempre son de lo más inoportunas. Así es que no me quedó otro remedio que el de ponerme a pasear reflexionando sobre lo ocurrido. Ahora, por fin, iba a enterarme de todo; las cartas me lo revelarían todo. Los perros son muy inteligentes y no ignoran todas las relaciones íntimas; por eso seguramente en ellas hallaré la descripción del marido y de sus asuntos. De seguro que encontraré allí algo referente a ella… ¡No, más vale callarse! Al atardecer llegué a casa y estuve la mayor parte del tiempo acostado en la cama.

13 de noviembre

Bueno; vamos a ver. La carta parece bastante clara; sin embargo, la letra pone en evidencia al perro.

Leamos:

"Querida Fidele: Aún no puedo acostumbrarme a un nombre tan mezquino como el tuyo. ¡Como si no hubieran podido ponerte otro mejor! Fidele, Rosa, todos esos nombres son de un cursi subido. Pero dejemos esto a un lado. Estoy muy contento de que se nos haya ocurrido entrar en correspondencia…"

La carta estaba redactada muy correctamente en cuanto a la puntuación y ortografía. Ni nuestro jefe de sección sería capaz de hacer otro tanto, aunque asegura haber estado estudiando en una universidad. Veamos más adelante:

"Me parece que uno de los mayores placeres en el mundo está en cambiar pensamientos, impresiones y sentimientos con los demás…"

¡Bueno! Éste es un pensamiento cogido de una obra traducida del alemán y cuyo título no recuerdo ahora.

"Lo digo por experiencia, aunque no haya corrido mucho mundo, pues no he pasado la verja de nuestra casa. Pero ¿acaso mi vida no transcurre felizmente? Mi señorita Sofía, así la llama papá, me quiere con locura…"

¡No está mal! ¡No está mal! ¡Pero callémonos!…

"Papá también me acaricia a menudo. Además me dan café con nata. ¡Ah, *ma chère*! He de decirte que no encuentro nada en los grandes huesos, bien pelados, que come Polkan en la cocina. Los huesos sólo son buenos cuando provienen de alguna cacería y a condición de que no hayan chupado ya el tuétano. También está muy bien mezclar algunas salsas, pero sin verduras ni especias. Pero no hay cosa peor que esa costumbre que tiene la gente de dar a los perros migas de pan hechas bolitas. Siempre, durante las comidas, algún señor empieza a triturar las migas de pan con sus manos, que Dios sabe qué porquerías habrán tocado antes, y te llama después para meterte entre los dientes esa dichosa bolita. Rechazarlo resultaría descortés; así es que no tienes más remedio que comértela a pesar del asco que te infunde…"

¡Voto a mil diablos, qué tontería! ¡Como si no hubiera nada mejor sobre qué escribir! Veamos si en la otra carilla hay algo más interesante.

"Me place mucho informarte de todo cuanto ocurre en nuestra casa. Creo que ya te hablé del señor más importante de la casa, al cual Sofía llama papá. Es un hombre muy raro…"

¡Ah, por fin! Ya sabía yo que los perros tienen opiniones políticas sobre todas las cosas. Veamos lo que dice sobre papá…

"…Un hombre muy raro. Permanece la mayoría del tiempo callado. Rara vez habla; pero la semana pasada hablaba sin cesar consigo mismo. No hacía más que preguntarse: '¿Lo recibiré o no?' Cogía un papel en una mano, mientras la otra permanecía vacía, y volvía a repetir: '¿Lo recibiré o no?' Una vez hasta se dirigió a mí con la siguiente pregunta: 'Tú qué crees, Medji, ¿lo recibiré o no?' Yo no pude comprender lo que quería decirme con eso; sólo olfateé su zapato y me fui. Una semana después, *ma chère*, papá estaba loco de alegría. Toda la mañana recibió visitas de unos señores vestidos de uniforme que lo felicitaron por algo. Durante la comida estuvo tan alegre como nunca le viera; no paraba de contar chistes. Después de comer, me levantó en sus brazos y me acercó a su cuello, diciéndome: '¡Mira, Medji, lo que llevo!' Yo vi sólo una cinta, la olfateé, pero no hallé en ella ni el menor aroma; finalmente, la lamí con cuidado, estaba algo salada."

¡Bueno! Me parece que este perro es un poco demasiado atrevido. Haría falta darle una buena paliza. ¡Así, pues, nuestro hombre es ambicioso! Habrá que tenerlo en cuenta.

"Adiós, *ma chère*. Me marcho corriendo… Mañana acabaré la carta.

"¡Hola, otra vez estoy contigo! Hoy, con Sofía, mi señorita…"

¡Ah, veamos lo que pasa con Sofía! ¡Es una canallada! Bueno, no importa, no importa; vamos a continuar…

"…Sofía, mi señorita, estuvo todo el día sumamente agitada. Se preparaba a asistir a un baile, y yo me alegré, pues aprovecharía su ausencia para escribirte. Mi Sofía está siempre muy contenta cuando va a un baile, aunque mientras se arregla siempre está enfadada. No logro comprender, *ma chère*, el placer que encuentra la gente yendo a un baile. Sofía vuelve a casa a las seis de la mañana. Y siempre veo, por su aspecto cansado y su cara pálida, que a la pobrecilla no le han dado de comer. Confieso que jamás podría vivir de este modo. Si no me dieran perdices con salsa o alas de pollo fritas, no sé lo que sería de mí. También es muy bueno un poco de salsa con kacha. Pero las zanahorias, las alcachofas y los nabos nunca serán buenos…"

Tiene un estilo irregular. En seguida se ve que esta carta no ha sido escrita por una persona. Empieza bien, pero acaba de cualquier forma. Veamos otra carta; parece demasiado larga; además, no lleva ni fecha.

"¡Ay, querida mía! Cómo siente una la proximidad de la primavera. Mi corazón palpita como si aguardara algo. Me zumban los oídos. Así es que a menudo tengo que levantar la pata y me apoyo y acerco a una puerta para escuchar. He de decirte que tengo muchos admiradores. A menudo los contemplo sentada en la ventana. ¡Ay, si supieras qué feos son algunos! Uno de ellos es de lo más vulgar, es un perro callejero de lo más estúpido y creído; camina por la calle dándose aires de importancia. Y cree que todos han de mirarle. Pero ¡qué va, yo ni siquiera me he fijado en él! También un dogo, de aspecto terrible, suele pararse ante mi ventana. Si se levantara sobre las patas traseras, lo que de seguro el muy tonto no sabrá hacer, le llevaría la cabeza al papá de Sofía, no obstante ser éste un hombre bastante alto y corpulento. Debe de ser de lo más insolente. Yo gruñí un poco en dirección suya; pero él, como si nada. Podría haberme hecho un guiño, pero es un bruto, no tiene modales. Se está mirando mi ventana, con sus orejas largas y su lengua al aire. ¿Y crees acaso que mi corazón permanece insensible a todas estas ofertas? No, te equivocas, *ma chère*… ¡Si hubieras visto a uno de mis admiradores, llamado Trésor, cuando salta la verja de la casa vecina!… ¡Ay *ma chère*, qué carita tiene!"

¡Bah! ¡Qué asco! ¡Qué demonios! ¿Cómo es posible llenar las páginas con semejantes tonterías? Ya no quiero saber nada de perros; quiero a una persona. Sí, eso es, una persona para que pueda enriquecer el caudal de mi alma…, y en vez de ello, ¡qué es lo que encuentro!

¡Tonterías, sólo tonterías! Demos la vuelta a la página, a ver si hay algo mejor.

"Sofía estaba sentada junto a una mesita cosiendo; yo miraba por la ventana a los paseantes, pues me gusta mucho observarlos, cuando entró el lacayo y anunció:

"—El señor Teplov.

"—Que pase —exclamó Sofía, y se abalanzó sobre mí para besarme—. ¡Ay, Medji! ¡Si supieras quién es! Es un gentilhombre de la Cámara, moreno, con ojos negros y brillantes como el fuego.

"Sofía se marchó corriendo a su habitación. Un minuto después entraba el joven gentilhombre de la Cámara, que gastaba patillas. Se acercó al espejo y se atusó el cabello, luego inspeccionó la habitación. Yo dejé oír un gruñido y me senté en mi sitio. Sofía no tardó en venir y respondió alegremente a su saludo, y yo, como si no reparase en nada, continuaba mirando por la ventana, no obstante haber inclinado la cabeza en dirección a ellos para oír lo que decían. ¡Ay *ma chère*! ¡De qué tonterías hablaban! Hablaban de una señora que durante el baile se equivocó e hizo una figura en vez de otra; de un tal Bobov, que llevaba charretera y se parecía mucho a una cigüeña, y que por poco se cae. También contaron que una tal Lidina se imaginaba tener los ojos azules, cuando en realidad los tenía verdes, y otras tonterías por el estilo. '¡Qué diferencia tan grande hay entre el gentilhombre y Trésor!', pensé para mí. Ante todo, el gentilhombre tiene una cara ancha y completamente plana, con unas patillas alrededor, como si se las hubiera atado con un pañuelo negro. Trésor, sin embargo, tiene una carita fina y en la frente una pequeña calva blanca. ¡En cuanto al talle de Trésor, ni se le puede comparar con el de Teplov! ¡Y no hablemos ya de los ojos y de los modales! ¡Jesús, qué diferencia! ¡No sé, *ma chère*, lo que ha podido encontrar en su Teplov y por qué se muestra tan entusiasmada!…"

A mí también me parece eso un poco extraño. No puede ser que Teplov la haya seducido hasta tal punto. Veamos más adelante.

"Me parece que, si le gusta este gentilhombre, le ha de gustar también ese funcionario que está en el despacho de papá. ¡Ay *ma chère*, si vieras qué feo es! Se parece a una tortuga vestida con un saco…

"¿Quién será este funcionario?… Tiene un apellido rarísimo. Siempre está sentado sacando punta a las plumas. Su pelo es como el heno y papá lo manda siempre en lugar del criado…"

Me parece que esta perra maldita hace alusiones sobre mí. ¡Pero qué voy a tener yo el pelo como el heno!

"Sofía no puede menos que reírse cada vez que lo ve…"

¡Mientes, perra maldita! ¡Se habrá visto qué lengua de víbora! ¡Como si yo no supiera que todo ello es pura envidia! Acaso se figura que ignoro que son cosas del jefe de sección. Ya sé que me tiene un odio feroz y que hace cuanto está en sus manos para fastidiarme. Pero voy a mirar otra carta. Puede que encuentre allí la clave de todo.

"Mi querida Fidele, perdóname por no haberte escrito en tanto tiempo, pero es que estaba completamente hechizada. Ha dicho un escritor que el amor es una segunda vida, y esto es muy exacto. Además, en casa han sucedido grandes cambios. El gentilhombre viene ahora todos los días, y Sofía está perdidamente enamorada de él. Papá está muy contento. Hasta le oí decir a Gregorio, que es el que nos barre el suelo y que casi siempre habla consigo mismo solo, que pronto habrá boda, porque papá quiere casar a Sofía, o con un general, o con un gentilhombre de Cámara, o con un coronel…"

¡Qué diablos! No puedo seguir leyendo… Todo lo mejor ha de ser siempre, o para un gentilhombre de Cámara o para un general. ¡Parece que has encontrado un pobre tesoro y crees que podrás conseguirlo, pero te lo arrebata un general o un gentilhombre de Cámara! ¡Qué demonios! Quisiera ser general, no para obtener su mano y las demás cosas, sino para ver con qué consideración iban a tratarme y cuántos miramientos me dedicarían. Después podría decirles en pleno rostro que me importaban un bledo.

¡Demonios, qué pena! Rompí en mil pedazos las cartas de la estúpida perra.

3 de noviembre

No puede ser. Es mentira. ¡La boda no se efectuará! ¡Qué más da que sea un gentilhombre de Cámara! Esto no es más que un cargo de dignidad, no es ninguna cosa visible que se pueda coger con las manos. Por ser él un gentilhombre de Cámara no le va a salir otro ojo en la frente ni va a tener una nariz de oro, sino que la tiene igual que yo y que todos los demás mortales; pero no come ni tose con ella, sino que huele y estornuda como todos. Ya en diversas ocasiones quise averiguar de dónde provenían semejantes diferencias. ¿Por qué he de ser yo un consejero titular y con qué motivo? Puede que yo sea algún conde o algún general, y que sólo así paso por un consejero titular. Quizás ignore yo mismo quién soy. ¡Cuántos ejemplos hay en la historia! Se ha dado el caso de que un sencillo villano, no digamos ya un noble, o un vulgar campesino de repente descubre que es todo un personaje e incluso, a veces, un rey. ¡Y si un sencillo mujik llega a estas alturas, qué será entonces de un noble! Si, por ejemplo, de repente entrase yo vestido con el uniforme de general, llevando una charretera en el hombro derecho y otra en el izquierdo, y con una cinta azul en el pecho, ¿qué pasaría entonces? ¿Qué diría mi hermosa ninfa? ¿Se opondría su papá, nuestro director? ¡Oh! Él es muy vanidoso. Es un masón, no cabe duda de que es masón, aunque aparente ser tan pronto una cosa como otra. Pero yo en seguida me di cuenta de que era masón, y si le tiende la mano a uno, sólo le da los dos dedos. ¿Acaso no puedo ser nombrado ahora mismo general, gobernador o intendente, o recibir cualquier cargo importante? ¿Me gustaría saber por qué soy consejero titular? ¿Sí, por qué he de ser precisamente consejero titular?

5 de diciembre

Hoy estuve toda la mañana leyendo periódicos. ¡Qué cosas tan raras suceden en España! ¡Hasta me fue imposible comprenderlo del todo! Se dice que el trono se halla vacante y que los altos dignatarios están en una situación muy difícil respecto a la elección del heredero, y que de allí proviene la indignación general. Esto me parece sumamente extraño. ¿Cómo puede estar el trono vacante? Dicen también que cierta doña ha de subir al trono. Pero una doña no puede subir al trono, eso es imposible, pues el trono debe ser ocupado por un rey. Pero dicen que no hay rey, mas es inadmisible que no haya un rey. Un Estado no puede estar sin un rey. Este debe de existir, pero seguramente está de incógnito. A lo mejor, se encuentra allí mismo; pero por razones de índole familiar o por temor a las potencias vecinas, como Francia y los demás países, se ve obligado a esconderse. También puede ser por otros motivos.

8 de diciembre

Ya estaba dispuesto a ir a la oficina, pero me detuvieron diferentes motivos y en particular mis reflexiones. No puedo dejar de pensar en los asuntos de España. ¿Cómo puede ser que una doña sea reina? No lo permitirían. Inglaterra, sobre todo, no lo permitiría, y, además, los asuntos políticos de toda Europa. También se opondrán a ello el emperador de Austria y nuestro zar… Confieso que estos acontecimientos obraron con tanta fuerza sobre mí, que fui incapaz de hacer nada durante todo el día. Marva me hizo observar que durante la comida estuve muy agitado. En efecto, al parecer, dejé caer dos platos al suelo, que se hicieron añicos; tan distraído me hallaba. Después de comer, salí; pero no pude sacar nada en limpio. Después, estuve la mayor parte del tiempo tumbado en la cama, reflexionando sobre los asuntos de España.

Año 2000, 3 de abril

¡Hoy es un gran día! ¡En España hay un rey! ¡Por fin ha sido encontrado! Y este rey soy yo. Reconozco que al parecer me ha iluminado un rayo. No comprendo cómo pude pensar e imaginarme que era un consejero titular. ¿Cómo pudo ocurrírseme una idea tan loca? Menos mal que entonces no se le antojó a nadie meterme en una casa de locos. Ahora me ha sido revelado todo, ahora lo veo todo con claridad. Antes no comprendía, antes diríase que todo lo que veía estaba sumido en la niebla. Todo esto sucede, creo yo, porque la gente se imagina que el cerebro de una persona está en su cabeza; pero no es así, es el viento quien lo trae del mar Caspio. Primero declaré a Marva quién era yo. Al enterarse de que se hallaba ante el rey de España, alzó los brazos al cielo y por poco se muere del susto. Ella es tonta y jamás habrá visto al rey de España. Sin embargo, procuré calmarla y le aseguré con palabras indulgentes que estaba lleno de benevolencia para con ella y que no le guardaba rencor por haberme limpiado mal los zapatos algunas veces. Hace falta tener en cuenta que la pobre forma parte del pueblo y que no se le puede hablar de temas elevados. Se asustó porque está convencida de que todos los reyes de España son como Felipe II. Pero yo le expliqué que entre Felipe II y yo no había el menor parecido, y que yo no tenía capuchinos. No fui a la oficina. ¡Que se vaya al diablo! ¡No, ya no me cogerán más, amigos! ¡Se acabó, ya no copiaré más sus odiosos documentos!

8 de octubre. Entre el día y la noche.

Hoy vino a verme el ejecutor con el propósito de que fuera a la oficina, pues hacía más de tres semanas que no aparecía por allí. Yo fui a la oficina por pura broma. El jefe de sección pensaba seguramente que yo iba a saludarlo y pedirle excusas; pero yo sólo le eché una mirada indiferente, que no era ni demasiado colérica ni demasiado familiar o benévola. Miré a todos esos bribones que estaban en la cancillería, y pensé: "¿Qué pasaría si supieran quién está entre ustedes?…" ¡Dios mío! ¡Qué jaleo se armaría! El jefe de la sección en persona vendría a saludarme, haciéndome un profundo saludo, igual que hace ahora con nuestro director. Pusieron delante de mí unos documentos para que hiciera un resumen de ellos. Pero yo ni siquiera moví un dedo. Unos cuantos minutos después todos se hallaban sumamente agitados; al parecer, iba a venir el director. Muchos empleados se precipitarían a su encuentro. Pero yo no me moví de mi sitio. Cuando el director pasó por nuestra sección, todos se abrocharon el frac; mas yo no hice nada. ¡Venía el director! Bueno, ¿y qué? ¡Jamás iba a levantarme delante de él! ¡Qué era un director! (¡Era un corcho y no un director! Un corcho de lo más corriente y nada más.) Uno de esos corchos con los que se tapan las botellas. Lo que más me hizo gracia fue cuando me trajeron un documento para que lo firmase. Ellos se figuraban que iba a firmar humildemente en el bajo de la página, pero yo escribí en el sitio principal, allí donde firma el director, Fernando VIII. Hacía falta ver qué silencio tan religioso reinó en la sala. Yo sólo hice un ademán con la mano y dije: "No son necesarios juramentos de fidelidad". Después de lo cual salí. Me fui directamente al piso del director, que no estaba en casa. El criado no quería dejarme pasar; pero yo le dije unas cuantas palabras, y su efecto fue tal, que se quedó helado con los brazos caídos. Me dirigí sin cavilar al gabinete. La hallé sentada ante el espejo. Al entrar yo, dio un salto atrás. Yo, sin embargo, no le dije que era el rey de España; sólo le declaré que le esperaba una felicidad tal, que ni siquiera podía imaginársela, y que, a pesar de todas las intrigas de nuestros enemigos, estaríamos juntos. No quise decirle más, y salí. ¡Oh, qué ser más pérfido es la mujer! Sólo ahora he comprendido lo que son las mujeres. Hasta ahora nadie sabía de quién estaba enamorada la mujer. Yo fui el primero en descubrirlo. La mujer está enamorada del demonio. Sí, y esto no es ninguna broma. Los fisiólogos escriben tonterías acerca de ella; pero ella sólo ama al demonio. Mire, desde el palco pasea sus gemelos. ¿Cree usted que mira a ese señor gordo con una condecoración? Nada de eso, mira al demonio que tiene detrás de su espalda. ¡Mírele, se ha escondido en la condecoración! ¡Mire ahora cómo le hace señas con el dedo! Y ella se casará con él.

Sí, se casará. Y todos esos funcionarios padres de familia, todos esos que se insinúan en todos los sitios procurando introducirse en la Corte, y dicen que son patriotas y esto y aquello, todos esos patriotas no aspiran más que a conseguir arrendamientos. Serían, por dinero, capaces de vender a su madre, a su padre e incluso a Dios.

Todo esto no es más que vanidad, y eso se explica, porque debajo de la lengua hay una pequeña ampolla, y dentro de ella, un gusanillo del tamaño de un alfiler, y todo esto lo hace cierto barbero que vive en la calle Gorojovaia. No me acuerdo cómo se llama; pero todo el mundo sabe que quiere predicar el mahometismo por el mundo entero, junto con una comadrona. Por eso dicen que en Francia la mayoría de las personas se convierten al mahometismo.

Cierta fecha. Un día sin fecha

Me paseé de incógnito por el Nevski. Pasó el coche del zar, y toda la gente se quitó el sombrero; yo también lo hice y me comporté como si no fuera rey de España. Encontré poco adecuado descubrir mi personalidad, así, delante de todos. Ante todo, he de presentarme en la Corte. Lo único que me retiene hasta ahora es que no tengo ningún traje de rey. Si por lo menos pudiera conseguir algún manto... Pensé encargárselo al sastre; pero esta gente es tan burra, y, además, no cuidan de su trabajo desde que se han dedicado a los asuntos, y se están la mayoría del tiempo en la calle. Decidí hacer el manto de mi nuevo uniforme de gala, que sólo me puse dos veces; pero temiendo que estos granujas fueran a estropeármelo, resolví hacerlo yo mismo. Cerré la puerta de mi cuarto para que nadie me viera, y emprendí la labor. Lo desarmé todo con ayuda de las tijeras, pues su corte ha de ser totalmente distinto.

No recuerdo la fecha ni el mes. El diablo sabrá qué mes era.

El manto ya está acabado. Marva dio un grito cuando me lo vio puesto. Sin embargo, no me atrevo aún a presentarme en la Corte. Hasta ahora no ha llegado la diputación de España. Y sin la diputación resultaría incorrecto. Rebajaría con ello mi dignidad. La estoy esperando a cada momento.

Día 1º

Me extraña que los diputados tarden tanto. ¿Qué motivos pudieron retenerlos? ¿Acaso Francia? Sí, es el reino más desfavorable a todo. Fui a Correos para informarme de si habían llegado los diputados españoles. Pero el empleado de allí es completamente estúpido y no sabe nada. Sólo me dijo: "No; aquí no hay ningún diputado español; pero si quiere mandar una carta, puede hacerlo y nosotros la certificaremos según la tarifa indicada". ¡Voto a mil diablos! ¡Quién habla de cartas! Eso son tonterías. Las cartas sólo las escriben los farmacéuticos...

Madrid, 30 de febrero

Y heme aquí en España. Esto ha sucedido con tanta rapidez, que apenas si puedo volver de mi asombro. Esta mañana se presentaron en casa los diputados españoles, y yo me fui con ellos en una carroza. Me extrañó la extraordinaria rapidez del viaje, íbamos con tanta velocidad, que en menos de media hora llegamos a la frontera de España. Claro está que ahora en toda Europa los caminos de hierro colado son muy buenos y el servicio de barcos está muy organizado. ¡Qué país tan extraño es España! Al entrar en la primera habitación, vi a muchas personas con el pelo cortado al rape, y en seguida me figuré que debían de ser dominicos o capuchinos, pues tienen el hábito de afeitarse la cabeza. El comportamiento del canciller de Estado conmigo me pareció de lo más extraño: me llevó de la mano y me condujo a un cuarto, a cuyo interior me empujó, diciéndome:

—Quédate aquí. Y si persistes en pasar por el rey Fernando, ya te quitaré yo las ganas de seguir haciéndolo.

Pero yo sabía que esto no era más que una prueba, y protesté enérgicamente, lo que me valió por parte del canciller dos golpes en la espalda. Fueron tan dolorosos, que me faltó poco para gritar; pero me contuve al pensar que esto era sólo una costumbre caballeresca que siempre tenía lugar en los grandes acontecimientos, ya que en España se conservaban aún las tradiciones caballerescas. Al quedarme solo decidí ocuparme de los asuntos de Estado. Descubrí que la China y España eran el mismo país, y que sólo por ignorancia se consideran como estados diferentes. Aconsejo a todo el mundo que escriba en un papel la palabra España, y verá como sale China.

Pero me está disgustando sumamente un acontecimiento que tendrá lugar mañana. Mañana, a las siete, se producirá un fenómeno terrible. La Tierra va a sentarse sobre la Luna. Acerca de esto ha escrito el célebre químico inglés Wellington. Confieso que sentí cómo mi corazón empezaba a latir de inquietud al pensar en la delicadeza y falta de resistencia de la Luna. Todos sabemos que la Luna se fabrica generalmente en Hamburgo, y, además, muy mal. Me sorprende cómo Inglaterra no presta atención a ello. La fabrica un tonelero cojo, y es evidente que el muy tonto no tiene el menor conocimiento de la Luna. Ha puesto una cuerda de alquitrán y el resto es de aceite de madera, y por eso huele tan mal por toda la Tierra, de tal forma que tiene uno que taparse las narices. Pero la Luna es un globo tan delicado, que es imposible que la gente viva allí, y ahora sólo viven las narices. Ésta es la razón por la cual no podemos ver nuestras narices, ya que todas están en la Luna.

Al pensar que la Tierra, materia pesada y potente, iba a sentarse sobre la Luna, y al imaginarme el tormento que sufrirían nuestras narices, se apoderó de mí una inquietud tal, que me puse los calcetines y me calcé en el acto para correr a la sala del Consejo de Estado y dar órdenes, con el fin de que la policía no permitiese a la Tierra sentarse sobre la Luna. Los numerosos capuchinos que hallé en la sala del Consejo de Estado eran personas muy inteligentes, y cuando les dije: "Caballeros, salvemos a la Luna, porque la Tierra quiere sentarse encima de ella", todos en el acto se precipitaron para cumplir mi real deseo. Algunos treparon por las paredes con el fin de alcanzar la Luna; pero en aquel momento entró el gran canciller. Al verle, todos echaron a correr y yo, como rey, me quedé solo. Pero, con gran sorpresa por mi parte, me golpeó con un palo y me echó a mi cuarto. Tal es el poder de las costumbres populares y tradicionales en España.

Enero del mismo año, que tuvo lugar después de febrero

Hasta ahora no puedo comprender qué país tan raro es España. Las costumbres populares y el ceremonial de la Corte son completamente extraordinarios. No comprendo, decididamente no comprendo nada. Hoy me han afeitado la cabeza, a pesar de que grité como un condenado, diciendo que no quería ser un monje. Pero ya soy incapaz de recordar lo que me pasó cuando empezaron a verterme agua fría sobre la cabeza. ¡Jamás experimenté un infierno semejante! Estaba a punto de volverme rabioso, y apenas pudieron retenerme. No comprendo el significado de esta extraña costumbre. ¡Es una costumbre estúpida, absurda! Me niego a comprender la insensatez de los reyes, que hasta ahora no han sabido deshacerse de estas costumbres. A juzgar por todo, me figuro que habré caído en manos de la Inquisición, y seguramente aquel a quien tomé por el canciller no es más que el gran inquisidor. Pero lo único que aún no logro comprender es cómo un rey puede someterse a la Inquisición. Claro que de esto pueden tener la culpa Francia y Polignac. ¡Ah, este Polignac! ¡Qué bestia! ¡Juró oponerse a mí hasta la muerte! Y por eso me persiguen todo el tiempo; pero ya sé, amigo mío, que obras bajo la presión de Inglaterra. Los ingleses son unos grandes políticos que siempre se insinúan en todos los sitios. Y sabe el mundo entero que cuando Inglaterra aspira rapé, Francia estornuda.

Día 25

Hoy el gran inquisidor vino a mi habitación. Pero yo, en cuanto oí sus pasos desde lejos, me escondí debajo de la silla. Él, al ver que no estaba empezó a llamarme. Al principio gritó:

—¡Poprischew!

Yo permanecí callado.

Después dijo:

—¡Aksanti Ivanovich, consejero titular, noble!

Pero yo permanecía callado.

—¡Fernando VIII, rey de España!

Yo quise sacar la cabeza, pero pensé: "No, amigo, ya no me engañas. Otra vez me vas a echar agua fría sobre la cabeza". Pero debió de verme, y me hizo salir con su palo de debajo de la silla. ¡Qué daño hace ese maldito palo! Sin embargo, fui recompensado de todo con el hallazgo que hice hoy. Descubrí que cada gallo tiene una España y que la lleva debajo de las plumas. Pero el gran inquisidor se fue muy enfadado, amenazándome con terribles castigos. Yo no hice caso de su ira impotente, ya que obra sólo como una máquina, como un instrumento en mano de los ingleses.

Día 34 de febrero de 343

¡No, ya no tengo fuerzas para aguantar más! ¡Dios mío!, ¿qué es lo que están haciendo conmigo? Me echan agua sobre la cabeza. No me hacen caso, no me miran ni me escuchan. ¿Qué les he hecho yo, Señor? ¿Por qué me atormentan? ¿Qué es lo que esperan de mí? ¡Ay, infeliz de mí! ¿Qué les puedo dar yo? Yo no tengo nada. No tengo fuerzas, no puedo aguantar más todos los martirios que me hacen. Tengo la cabeza ardiendo, y todo da vueltas en torno mío. ¡Sálvenme, llévenme de aquí! ¡Que me den una troika con caballos veloces! ¡Siéntate, cochero, para llevarme lejos de este mundo! ¡Más lejos, más lejos, para que no se vea nada!… ¡Cómo ondea el cielo delante de mí! A lo lejos centelleaba una estrella, el bosque de árboles sombríos desfila ante mis ojos, y por encima de él asoma la luna nueva. Bajo mis pies se extiende una niebla azul oscura; oigo una cuerda que sueña en la niebla; de un lado está el mar, y del otro, Italia; allí, a lo lejos, se ven las chozas rusas. ¿Quizá sea mi casa la que se vislumbra allá a lo lejos? ¿Es mi madre la que está sentada a la ventana? ¡Madrecita, salva a tu pobre hijo! ¡Vierte unas cuantas lágrimas sobre su cabeza enferma! ¡Mira cómo lo martirizan! ¡Ampara en tu pecho a tu pobre huérfano! En el mundo no hay sitio para él. ¡Lo persiguen! ¡Madrecita, ten piedad de tu niño enfermo!… ¡Ah! ¿Sabe usted que el bey de Argel tiene una verruga debajo de la nariz?

LA AVENIDA NEVSKI

No hay nada mejor, por lo menos para Petersburgo, que la perspectiva Nevski[1]. Ella allí lo significa todo. ¡Con qué esplendor refulge esta calle, ornato de nuestra capital!... Yo sé que ni el más mísero de sus habitantes cambiaría por todos los bienes del mundo la perspectiva Nevski... No sólo el hombre de veinticinco años, de magníficos bigotes y levita maravillosamente confeccionada, sino también aquel de cuya barbilla surgen pelos blancos y cuya cabeza está tan pulida como una fuente de plata, se siente entusiasmado de la perspectiva Nevski. ¡En cuanto a las damas!... ¡Oh!... Para las damas, la perspectiva Nevski es todavía más agradable. ¿Y para quién no es ésta agradable?... Apenas entra uno en ella percibe olor a paseo. Aunque vaya uno preocupado por algún asunto importante e indispensable, es seguro que al llegar a ella se olvidan todos los asuntos.

Éste es el único lugar donde la gente se exhibe, sin sentirse acuciada por la necesidad o el interés comercial que abraza a todo Petersburgo. Diríase que el hombre que se encuentra en la perspectiva Nevski es menos egoísta que el de Morskaia, Gorojovaia, Liteinaia, Meschanskaia y demás calles, en las que la avaricia, el afán de lucro y la necesidad aparecen impresos en los rostros de los peatones y de los que la atraviesan al vuelo de sus berlinas u otros carruajes. La perspectiva Nevski es la principal vía de comunicación de Petersburgo; aquí el habitante del distrito de Petersburgski o de Viborgski, que desde hace años no visitaba a su amigo residente en Peski o en Moskovskaia Sastava, puede estar seguro de que lo encontrará sin falta. Ninguna guía ciudadana ni ninguna oficina de información podrían suministrar noticias tan exactas como puede hacerlo la perspectiva Nevski. ¡Oh, todopoderosa perspectiva Nevski!... ¡Única distracción del humilde en su paseo por Petersburgo! ¡Con qué pulcritud están barridas sus aceras y..., Dios mío..., cuántos pies han dejado en ellas sus huellas! La torpe bota del soldado retirado, bajo cuyo peso parece agrietarse el mismo granito; el zapatito diminuto y ligero como el humo de la joven dama, que vuelve su cabecita hacia los resplandecientes escaparates de los almacenes, como el girasol hacia el sol; el retumbante sable del teniente lleno de esperanzas que las araña al pasar..., ¡todo deja impreso sobre

---

[1] En Petersburgo la mayoría de las avenidas se llaman "perspectivas".

ellas el poder de su fuerza o de su debilidad! ¡Cuánta rápida fantasmagoría se forma en ellas tan sólo en el transcurso de un día! ¡Qué cambios sufren en veinticuatro horas!

Empecemos a considerarlas desde las primeras horas de la mañana, cuando todo Petersburgo huele a panes calientes y recién hechos, y está lleno de viejas con vestidos rotos y envueltas en capas, que asaltan primeramente las iglesias y después a los transeúntes compasivos. A esta hora la perspectiva Nevski está vacía: los robustos propietarios de los almacenes y sus comisionistas duermen todavía dentro de sus camisas de holanda o enjabonan sus nobles mejillas y beben su café; los mendigos se agolpan a las puertas de las confiterías, donde el adormilado Ganimedes que ayer volaba como una mosca portador del chocolate, ahora, sin corbata y con la escoba en la mano, barre, arrojándoles secos pirogi y otros restos de comida. Por las calles circula gente trabajadora; a veces, también mujiks rusos dirigiéndose apresurados a sus tareas y con las botas tan manchadas de cal, que ni siquiera toda el agua del canal de Ekaterininski, famoso por su limpieza, hubiera bastado para limpiarlas. A esta hora no es prudente que salgan las damas, pues al pueblo ruso le agrada usar tales expresiones, como seguramente no habrán oído nunca ni en el teatro. A veces, un adormilado funcionario la atraviesa con su cartera bajo el brazo, si se da el caso de que su camino al Ministerio pase por la perspectiva Nevski.

Decididamente, puede decirse que a esta hora, o sea hasta las doce del mediodía, la perspectiva Nevski no constituye objetivo para nadie, y sirve solamente como medio: poco a poco va llenándose de personas que por sus ocupaciones, preocupaciones y enojos no piensan para nada en ella. El mujik ruso habla de la grivna o de los siete groschi; los viejos y las viejas agitan las manos o hablan consigo mismos, a veces entre fuertes gesticulaciones; pero nadie los escucha ni se ríe de ellos, con excepción acaso de los muchachuelos de abigarradas batas que, llevando en las manos pares de zapatos o botellas vacías, corren por la perspectiva Nevski. A esta hora, aunque se hubiera usted puesto en la cabeza un cucurucho en lugar de un sombrero, aunque su cuello sobresaliera demasiado sobre su corbata, puede estar bien seguro de que nadie se fijará en ello.

A las doce, en la perspectiva Nevski hacen invasión los preceptores de todas las naciones, acompañados de sus discípulos, que lucen cuellos de batista. Los Jones ingleses y los Coco franceses llevan colgados del brazo a los alumnos que les han sido confiados, y con la conveniente respetabilidad explican a éstos que los rótulos que se encuentran sobre las tiendas están allí colocados para que pueda saberse lo que se contiene en dichas tiendas. Las institutrices, pálidas misses rosadas eslavas, caminan majestuosamente tras sus ligeras y movibles muchachas, ordenándoles que levanten un poco más el hombro y se enderecen.

Para abreviar: a esta hora la perspectiva Nevski es una perspectiva Nevski pedagógica. Sin embargo, cuanto más se acercan las dos de la tarde, más disminuye el número de preceptores, pedagogos y niños. Éstos han sido desplazados de allí por sus tiernos padres, que pasan llevando del brazo a las compañeras de sus vidas, de nervios débiles y vestidas de abigarrados colores. Poco a poco, a su compañía se unen todos aquellos que han terminado sus bastante importantes ocupaciones caseras, tales como, por ejemplo, los que han consultado al médico sobre el tiempo o sobre el pequeño grano salido en la nariz, los que se han informado de la salud de los caballos y de sus hijos (que, dicho sea de paso, muestran grandes capacidades), los que han leído los carteles y un artículo importante en los periódicos sobre los que llegan y los que se van, y, por último, los que han bebido su taza de café o de té; a éstos se unen también aquellos a quienes el destino, envidioso, deparara la bendita categoría de "funcionario" encargado de importantes asuntos: se unen los que, empleados en el Ministerio del Exterior, destacan por la nobleza de sus ocupaciones y costumbres. ¡Dios mío! ¡Qué empleos y servicios tan maravillosos existen!… ¡Cuánto elevan y regocijan el alma! Pero…, ¡ay de mí!… Yo, por no estar empleado, he de privarme del gusto que me proporcionaría el fino comportamiento de los superiores…

Todo lo que encuentre usted en la perspectiva Nevski está impregnado de conveniencia. Los caballeros de largas levitas y manos metidas en los bolsillos; las damas de redingotes de raso blanco, rosa, azul pálido y sombrero. Aquí encontrará usted patillas únicas, a las que se deja pasar con extraordinario, con asombroso arte, bajo la corbata. Patillas de terciopelo, de raso, negras como el carbón, pero, ¡ay!, pertenecientes tan sólo a los miembros del Ministerio del Exterior. A los empleados de otros departamentos el destino les ha negado esas negras patillas, y con enorme disgusto se ven obligados a llevarlas de color rojizo.

Aquí encontrará usted maravillosos bigotes. Ninguna pluma, ningún pincel puede describirlos. Bigotes a cuyo cuidado se ha dedicado la mejor mitad de la vida, que son objeto de largas atenciones durante el día y durante la noche; bigotes sobre los que fueron vertidos exquisitos perfumes, aromas y las más raras y costosas pomadas de todas clases; bigotes que se envuelven por la noche en el más fino papel; bigotes a los que va dirigido el afecto más conmovedor de sus poseedores y que despiertan la envidia de los transeúntes.

Sombreros, vestidos, pañuelos multicolores y vaporosos, que a veces hasta dos días seguidos han logrado la preferencia de sus propietarias, podrían con sus mil clases diversas deslumbrar a cualquiera en la perspectiva Nevski.

Se diría que todo un mar de mariposas desprendiéndose de los largos tallos se eleva de repente, agitándose cual resplandeciente nube, sobre los negros escarabajos del sexo masculino. Aquí encontrará usted cinturas tales como nunca las habrá soñado: finitas, estrechitas; talles no más gruesos que el cuellecito de una botella, y al encontrarse con ellos se apartará usted con respeto, para evitar el poder tropezarlas por descuido con un codo descortés. De su corazón se apoderarán entonces la timidez y el miedo de quebrar con la desconsiderada respiración tan maravillosa obra de la naturaleza y el arte. Y ¡qué mangas de señora verá usted en la perspectiva Nevski!… ¡Ay, qué maravilla! Se asemejan un poco a dos globos de oxígeno, hasta el punto de que la dama podría elevarse en el aire si el hombre no la sujetara; porque alzar una dama en el aire resulta igual de fácil y agradable que llevarse a los labios una copa llena de champaña.

En ningún sitio, al encontrarse, se saludan las gentes con tanta nobleza y desembarazo como en la perspectiva Nevski. Aquí encontrará usted la sonrisa única, la sonrisa que es una obra maestra; a veces tal, que, por el contrario, se verá usted más bajo que la misma hierba, y a veces tal, que se sentirá más alto que el pararrayos del Almirantazgo y levantará orgulloso la cabeza. Aquí encontrará usted a los que conversan sobre el tiempo o el último concierto con una extraordinaria nobleza y el sentido de su propia dignidad. Aquí encontrará usted millares de caracteres incomprensibles y fenómenos. ¡Oh, Creador!… ¡Qué caracteres tan extraños encuentra uno en la perspectiva Nevski! Hay allí infinidad de gentes que al ver a usted le mirarán irremisiblemente a los zapatos, y si usted pasa sin detenerse, se volverán de fijo para mirarle a los faldones.

Todavía no he podido comprender por qué ocurre esto. Al principio pensé que se trataría de zapateros; pero luego resultó que no era así. La mayor parte estaban empleados en diversos departamentos; muchos de ellos podrían escribir de una manera perfecta una comunicación y dirigirla de un departamento oficial a otro, o pasearse o leer periódicos en las confiterías… O sea, que la mayor parte son gente como es debido.

En esta bendita hora de las dos a las tres de la tarde (que puede calificarse de capital movible de la perspectiva Nevski) tiene lugar la principal exposición de las mejores obras del hombre. El uno exhibe una elegante levita guarnecida del mejor castor; otro, una maravillosa nariz griega; el tercero usa unas magníficas patillas; la cuarta un par de bellos ojos y un asombroso sombrerito; el quinto, una sortija con talismán pasada al elegante meñique; la sexta, un piececito dentro de un encantador y diminuto zapato; el séptimo, una corbata que despierta la curiosidad, y el octavo, unos bigotes que sumergen en asombro. Pero… dan las tres y la exposición se termina y la muchedumbre disminuye… A las tres sobreviene un nuevo cambio.

En la perspectiva Nevski, de repente, se hace la primavera; toda ella se cubre de funcionarios de uniformes verdes. Hambrientos consejeros titulares de Corte y de otras clases emplean todas sus fuerzas en acelerar su paso. Los funcionarios jóvenes y los secretarios se apresuran a aprovechar un poco más el tiempo y a pasear por la perspectiva Nevski con un porte que no demuestra que se han pasado seis horas seguidas sentados en una oficina del Estado; pero los viejos secretarios y consejeros titulares de la Corte caminan de prisa y con la cabeza baja. No tienen tiempo de ocuparse en la contemplación de los transeúntes. No se sienten todavía liberados de sus preocupaciones. En sus cabezas hay un enredo y todo un archivo de asuntos empezados y sin terminar; ha de pasar mucho tiempo hasta que dejen de ver, en lugar de un anuncio, la carpeta llena de papeles o el rostro carnoso del jefe de la cancillería.

A partir de las cuatro la perspectiva Nevski queda vacía, y será raro que encuentre usted en ella un solo funcionario. Alguna costurerilla que, saliendo de la tienda, corre con la caja entre las manos por la perspectiva Nevski; alguna lastimosa víctima de la prodigalidad, vestida con un mísero capote; algún bobalicón a quien se encuentra de paso y para el cual las horas son iguales; alguna alta y larguísima inglesa con el *ridicule* y el libro entre las manos; algún cobrador, el ruso de levita de mezcla de algodón (cuya cintura descansa en mitad de la espalda) y de delgada barba, que vive una vida prendida con alfileres, en la que todo se tambalea —la espalda, los brazos, los pies y la cabeza— cuando respetuosamente circula por la acera; algún artesano… y a nadie más encontrará usted en la perspectiva Nevski.

Pero tan pronto como desciende el crepúsculo sobre las casas y las calles, y el farolero cubierto de esparto se sube en su escalera para encender los faroles, y a las vitrinas de los escaparates se asoman aquellas estampas que no se atrevían a asomarse durante el día…, entonces la perspectiva Nevski vive de nuevo y empieza a moverse. Ha llegado la hora misteriosa en la que las lámparas prestan a todo una sugestiva y maravillosa luz. Encontrará usted a muchos jóvenes, solteros en su mayor parte, vestidos de levita y cubiertos con un capote. A esta hora se percibe que las gentes persiguen un fin o al menos algo parecido a un fin, un algo excesivamente inconsciente; los pasos se hacen más rápidos y desiguales, las largas sombras se deslizan raudas por las paredes y el suelo de la calle y casi alcanzan con sus cabezas el puente Politzeiski. Los jóvenes funcionarios y secretarios pasean durante largo rato, pero los viejos consejeros titulares y de Corte se quedan en su mayoría en casa, bien porque sean casados o porque sus cocineras alemanas les preparan muy bien la comida. Aquí encontrará usted a los viejos respetables que con tan importante aire y asombrosa nobleza paseaban a las dos por la perspectiva Nevski. Les verá usted correr, lo mismo que a los jóvenes secretarios, con objeto de mirar bajo el sombrero de alguna de esas damas, cuyos gruesos labios y maquilladas mejillas tanto gustan a muchos de los paseantes y aún más a los cobradores y comerciantes que, vestidos siempre de levita al estilo alemán, circulan en tropel y cogidos generalmente del brazo.

—¡Para! —gritó en este momento el teniente Piragov, dando un tirón al joven vestido de frac y cubierto con una capa que marchaba a su lado—. ¿Has visto?

—He visto. ¡Maravillosa! Es enteramente la Biancca de Peruggini.

—Pero ¿de quién estás hablando?

—¡Pues de ella! ¡De aquella de pelo oscuro!… ¡Qué ojos!… ¡Dios mío, qué ojos!… ¡Todo!… ¡El contorno! ¡El óvalo del rostro! ¡Es un milagro!

—Te estoy hablando de la rubia. De la que pasó tras ella por aquel lado… ¿Por qué no sigues a la morena si te ha gustado tanto?

—¡Oh!… ¿Cómo hacerlo?… —exclamó el joven vestido de frac, ruborizado. ¡Como si fuera una de esas que pasan por el atardecer por la perspectiva Nevski!… ¡Debe de ser una dama muy principal! Solamente su capa debe de valer por lo menos 80 rublos.

—¡Bobo!… —dijo con viveza Piragov, empujándolo con fuerza hacia el punto en donde flotaba la capa de alegre colorido. ¡Anda, pánfilo, que se te va a escapar! Yo, mientras tanto, iré tras la rubia.

Y ambos amigos se separaron.

"¡Ya las conocemos a todas!", pensó para sí Piragov con una sonrisa complacida y vanidosa, convencido de que no existía belleza que pudiera resistírsele.

El joven del frac y la capa se dirigió con tímido paso hacia el punto en que ondeaba a lo lejos la capa de vivos colores, que tan pronto brillaba a la luz del farol, al pasar junto a éste, como se cubría inmediatamente de oscuridad al alejarse. El corazón le latía en el pecho, y sin querer apresuraba el paso. No se atrevía siquiera a pensar que pudiera tener algún derecho a la atención de la belleza que se le escapaba volando a lo lejos, cuanto menos a dar cabida en su pensamiento a la negra alusión del teniente Piragov. Sólo quería ver la casa…, fijarse en dónde tenía la vivienda aquella encantadora criatura, que parecía haber caído directamente del cielo a la perspectiva Nevski, y que seguramente desaparecería no se sabría por dónde. Marchaba tan de prisa, que empujaba sin cesar fuera de la acera a los respetables señores de canosas patillas.

Este joven pertenecía a una clase que entre nosotros constituye un fenómeno bastante raro, y que tanto podía pertenecer a la ciudad de Petersburgo como la persona que vemos en sueños al mundo real. Esta casta excepcional era muy extraordinaria en aquella ciudad, donde todos eran funcionarios, comerciantes o artesanos alemanes. Era pintor. ¿No es verdad que era aquél un extraño fenómeno? ¡Un pintor de Petersburgo! ¡Pintor en la tierra de las nieves! ¡Pintor en el país de los finlandeses…, donde todo es húmedo, liso, llano, pálido, gris y embrumado! Estos pintores no se parecen a los pintores italianos, orgullosos, ardientes como Italia y su cielo. Por el contrario, son en su mayor parte gente buena, tímida, que se turba fácilmente, despreocupada, apegada calladamente a su arte, que bebe té junto a sus dos amigos en su pequeña habitación, que habla modestamente del tema querido y no piensa en nada superfluo. Acostumbra llevar a su casa a alguna mendiga vieja y la obliga a permanecer allí durante seis horas con objeto de plasmar después sobre el lienzo su expresión lastimera sin sentimiento. Dibuja la perspectiva de su habitación, llena de fruslerías artísticas: brazos y pies de escayola, que el polvo y el tiempo han tornado del color del café; rotos y pintorescos caballetes, la paleta volcada, el amigo que toca la guitarra, las paredes manchadas de pintura, la ventana abierta, a través de la cual se ve pasar el pálido Neva y los pobres pescadores vestidos con camisas rojas. El colorido de sus obras suele ser gris y turbio, como si llevara impreso el sello del Norte.

Además, se aplican a su trabajo con verdadero deleite. Frecuentemente esconden dentro de sí verdadero talento, y si sobre ellos hubiera soplado el fresco viento de Italia, seguramente ese talento se hubiese desarrollado con la misma brillantez y libertad que la planta sacada de la habitación al aire libre. Por lo general son muy tímidos: la vista de una condecoración o de unas gruesas charreteras produce en ellos tal azoramiento, que sin querer rebajan al punto el precio de sus creaciones. Gustan a veces de elegantizarse; pero esta elegancia resulta en ellos demasiado chillona, y se asemeja un poco a un remiendo. Los verá usted a veces vestidos con un magnífico frac y una capa manchada, con un rico chaleco de terciopelo y una levita sucia de pintura, del mismo modo que verá usted la cabecita de ninfa dibujada en el fondo de la obra realizada anteriormente con deleite, si no se ha encontrado sitio mejor donde dibujarla. Nunca lo mirará directamente a los ojos, y si lo hace será de un modo vago; no lo penetrará con la mirada del observador o con aquella de águila del oficial de Caballería.

Esto sucede porque al mismo tiempo que sus rasgos está contemplando los rasgos de algún Hércules que se encuentra en su habitación o porque se está representando ante él el cuadro que se propone crear. Por eso, a menudo contesta de una manera descosida y a veces hasta incoherente, ya que todas las ideas que se mezclan en su cabeza aumentan su timidez. A esta clase pertenecía el joven pintor Peskarev, tímido y fácilmente azorado, pero cuya alma estaba llena de chispas de sentimiento dispuestas a convertirse en llama. Con oculto temblor se apresuraba hacia aquel objeto de su atención que tanto lo había asombrado, pareciendo extrañarse él mismo de su atrevimiento. La criatura desconocida que se había apoderado de sus pensamientos y de sus sentimientos volvió de repente la cabeza y lo miró. ¡Dios mío!… ¡Qué rasgos prodigiosos!… La maravillosa frente, de una blancura cegadora, estaba sombreada por el magnífico cabello. Una parte de los maravillosos bucles caía bajo el sombrero y rozaba la mejilla, teñida de un fresco y fino rubor producido por el frío nocturno. La boca parecía cerrarse sobre un enjambre de maravillosos ensueños. ¡Todos cuantos recuerdos conservamos de la niñez, todo cuanto nos conduce al ensueño o a la callada inspiración —como nos conduce la lamparita ante la imagen—, todo parecía unirse y reflejarse en su armoniosa boca! Miró a Peskarev, y el corazón de éste latió bajo aquella mirada. Lo miraba y un sentimiento de indignación se traslucía en su mirada por verse objeto de aquella persecución tan descarada; pero aun el mismo enfado era encantador en aquel rostro maravilloso.

Lleno de vergüenza y timidez, se detuvo él, bajando la cabeza; pero… ¿cómo perder de vista a esta divinidad sin saber siquiera dónde se hospedaba? Tales pensamientos llenaban la cabeza del joven soñador, que decidió seguirla. Sin embargo, para no hacerlo notar dejó aumentar la distancia que los separaba, mirando al parecer distraídamente a los anuncios, pero sin perder de vista ni un solo paso de la desconocida. Los transeúntes eran más escasos; la calle se hacía más tranquila; la bella volvió la cabeza, y a él le pareció que una ligera sonrisa brillaba en sus labios. Todo su organismo tembló, sin poder dar crédito a sus ojos. No. Era sin duda la linterna, que con su engañadora luz había hecho expresar a su rostro aquella especie de sonrisa. No. Eran sus propios ensueños los que se reían de él. Sin embargo, la respiración se detuvo en su pecho; todo latía en su interior; todos sus sentimientos ardían, y todo ante él se cubrió de una bruma. La acera pasaba volando bajo sus pies; las berlinas, con sus caballos al galope, parecían estar inmóviles; el puente se estiraba y se partía por el centro de su arco; las casas estaban invertidas; la garita le salía al encuentro, cayendo sobre él, y la alabarda del guardia, mezclada a las palabras y las tijeras dibujadas en oro, parecían brillar en las mismas pestañas de sus ojos. Todo esto lo había producido una mirada, el girar de la linda cabecita. Sin oír, sin ver, pasaba volando sobre las maravillosas huellas de aquellos piececitos, esforzándose en contener la rapidez de su paso, que marchaba al mismo ritmo que su corazón. A veces se apoderaba de él la duda. ¿Era verdad que la expresión de su rostro había sido benévola?… Entonces se detenía un momento; pero el latido de su corazón y la invencible fuerza e inquietud de todos sus sentimientos lo impulsaban hacia adelante. Ni siquiera se fijó en que, de repente, una casa de cuatro pisos se elevaba ante él. Sus cuatro brillantes filas de ventanas lo miraron todas a un tiempo, y la verja de la entrada le propinó su empujón de hierro. Vio volar a la desconocida escalera arriba, la vio volverse, llevarse un dedo a los labios y hacerle seña de seguirla. Sus rodillas temblaban, ardían sus pensamientos y sentimientos, un relámpago de alegría penetró con insoportable agudeza en su corazón. No. ¡Esto ya no era ensueño! ¡Dios mío! ¡Cuánta dicha en un instante! ¡Qué vida tan maravillosa en sólo dos minutos!

Sin embargo…, ¿no sería un sueño todo esto? ¿Era posible que aquella por cuya celestial mirada estaría dispuesto a dar toda su vida, y respecto de la cual comunicaba una dicha acercarse tan sólo a su vivienda, fuera ahora tan atenta y benévola con él? Subió volando la escalera. No lo dominaba ningún pensamiento terreno; no se sentía excitado por la llama de la pasión terrena. No. En aquel minuto era limpio y puro, como el adolescente virgen que experimenta todavía la necesidad del amor espiritual. Lo que en un hombre vicioso hubiera despertado atrevidos pensamientos hacía los suyos aún más elevados.

Esta confianza otorgada por la débil y maravillosa criatura le imponía la promesa de austeridad del caballero. La promesa de cumplir como un esclavo todas sus órdenes. Deseaba únicamente que aquellas órdenes fueran las más difíciles e irrealizables para volar con mayor esfuerzo a su conquista. No dudó por un momento de que algún misterioso y al mismo tiempo importante suceso obligaba a la desconocida a hacerlo objeto de su confianza, de que le exigiría servicios de mucho interés, y sentía ya dentro de sí fuerza y decisión para todo.

La escalera ascendía, y con ella ascendían también sus fugaces ensueños.

—Vaya usted con cuidado —sonó la voz, cual un arpa, llenando nuevamente de temblor todas sus venas.

En la sombría altura del cuarto piso la desconocida golpeó en la puerta, que se abrió, y ambos entraron. Una mujer de exterior bastante agradable, llevando una vela en la mano, les salió al encuentro; pero miró a Peskarev de una manera tan extraña y descarada, que éste, sin querer, bajó los ojos. Entraron en la habitación. Tres figuras femeninas en distintos rincones se ofrecieron a sus ojos. Una de ellas hacía solitarios, otra estaba sentada ante el piano y tocaba con dos dedos una especie de lastimera y antigua polonesa, mientras la tercera, sentada ante el espejo, peinaba sus largos cabellos sin pensar en interrumpir su *toilette* por la entrada de una persona desconocida. El desagradable desorden que sólo se encuentra en la vivienda del solterón reinaba por doquier. Los muebles, bastante buenos, estaban cubiertos de polvo; la araña había llenado con su tela el friso tallado; por la puerta entreabierta de la habitación se veía brillar la bota guarnecida de espuela y el color rojo del uniforme, mientras una fuerte voz masculina y una risa femenina se dejaban oír sin ningún recato.

¡Dios mío!… ¡Dónde ha venido a caer!… Al principio no quería creerlo, y se puso a examinar con atención los objetos que llenaban la habitación; pero las paredes vacías y las ventanas sin visillos no revelaban la presencia de ningún ama de casa cuidadosa; los rostros gastados de estas lastimosas criaturas, una de las cuales vino a sentarse ante su misma nariz, mirándolo con la misma tranquilidad con que se mira una mancha en el vestido ajeno…, todo le confirmaba que había penetrado en el asqueroso cobijo donde tiene su morada el lastimoso vicio producto de la vana instrucción y de la terrible abundancia de gente de la capital, cobijo donde el hombre pisotea y se ríe de todo lo limpio y sagrado que adorna la vida; donde la mujer, esta gala del mundo, aureola de la creación, se transforma en un ser extraño y ambiguo, que al mismo tiempo que la pureza del alma perdió toda su feminidad, adquiriendo los repugnantes ademanes y el descaro del hombre y cesando de ser aquella débil criatura tan distinta de nosotros, pero tan maravillosa.

Peskarev la miraba con ojos asustados de pies a cabeza, como queriendo asegurarse de que era la misma que lo había hechizado, haciéndolo seguirla por la perspectiva Nevski. Ella, sin embargo, aparecía ante él igualmente bella. Su cabello era igual de maravilloso, y sus ojos continuaban pareciendo celestiales. Su frescura era radiante, tenía sólo diecisiete años y se veía que el temible vicio había hecho su presa en ella desde hacía poco tiempo, y que aún no se atrevía a rozar sus mejillas, frescas y ligeramente sombreadas de fino rubor. Era maravillosa. Peskarev permanecía inmóvil ante ella y ya dispuesto a olvidarse de todo, como se olvidaba antes; pero la bella, aburrida de tan largo silencio, le sonrió de una manera significativa mirándolo a los ojos. Esta sonrisa estaba impregnada de cierto lastimoso descaro. Era tan extraña a su rostro y le iba tan mal como la expresión beatífica al del usurero o el libro de contabilidad al poeta. Él se estremeció. Se abrió la linda boca y comenzó a decir algo, pero necio y trivial... Se veía que al hombre, al perder la pureza, le abandona también la inteligencia. No quiso escuchar nada. Se produjo de una manera risible y con la sencillez de una criatura. En vez de aprovechar tal benevolencia, en vez de alegrarse de esta ocasión, como lo hubiera hecho sin duda cualquier otro en su lugar, echó a correr como un cordero salvaje hacia la calle.

Con la cabeza baja y los brazos caídos permaneció sentado en su habitación, como el pobre que después de encontrar una perla sin precio la ha dejado caer al mar.

¡Tan bella! ¡Unos rasgos tan maravillosos..., y en qué lugar se encuentra!, era todo lo que se sentía capaz de articular.

Nunca, en efecto, se apodera tanto de nosotros la piedad como ante la vista de la belleza alcanzada por la respiración podrida del vicio. ¡Si fuera, al menos, la fealdad la que girara con él!... ¡Pero la belleza!... ¡La tierna belleza!... En nuestro pensamiento sólo puede unirse con la pureza y la limpidez. La bella que había hechizado al infeliz Peskarev era ciertamente un maravilloso y extraordinario fenómeno. Su presencia en aquel despreciable ambiente resultaba aún más extraordinaria. Todas sus facciones estaban dibujadas con tal nitidez, toda la expresión de su maravilloso rostro respiraba tal dignidad, que de ninguna manera podía creerse que el vicio hubiera dejado caer sobre ella sus terribles garras. Hubiera constituido una perla sin precio, el universo entero, el paraíso, la riqueza toda de un apasionado esposo, hubiera sido una prodigiosa y plácida estrella dentro de un círculo familiar, y un movimiento de su maravillosa boca hubiera bastado a dispensar dulces órdenes, hubiera aparecido como una diosa entre la muchedumbre de un salón, deslizándose sobre el claro parquet iluminado por el resplandor de las velas, recogiendo la callada devoción de la multitud de admiradores rendidos a sus pies... Pero, ¡ay!, por la voluntad terrible del espíritu infernal que desea destruir la armonía de la vida, había sido arrojada con risa grotesca en el abismo...

Destrozado de piedad se hallaba sentado ante la vela encendida; hacía tiempo que había pasado la medianoche, y cuando la campana de la torre dio las doce y media continuaba sentado, inmóvil, inactivo y desvelado. La somnolencia, aprovechando su quietud, comenzaba cautelosamente a apoderarse de él; ya la habitación empezaba a desaparecer; tan sólo la llama de la vela traslucía a través de los sueños, venciéndolo, cuando de repente un golpe en la puerta lo hizo estremecerse y lo obligó a recobrarse. La puerta se abrió, dando paso a un lacayo vestido de rica librea[2]. Jamás había entrado una rica librea en su solitaria habitación y menos aún a hora tan extraordinaria. Se quedó asombrado y mirando con impaciente curiosidad al recién llegado lacayo.

—La señora en cuya casa —dijo con un respetuoso saludo el lacayo— hace unas horas tenía usted la amabilidad de encontrarse, me ordena que le ruegue que vaya a visitarla y le envía su berlina[3].

Peskarev estaba callado y sorprendido. "Berlina…, lacayo de librea… ¡No! Aquí hay seguramente una confusión…", pensó.

—Escuche, amigo —pronunció con timidez—: usted seguramente se ha equivocado de lugar. Seguramente la señora ha enviado a buscar a algún otro que no soy yo.

—No, señor; no me he equivocado. ¿No fue usted quien tuvo la amabilidad de acompañar a la señora a pie hasta la casa de la calle Leteinaia, habitación del cuarto piso?

—Sí. Fui yo.

—¡Entonces!… Dese prisa, por favor. La señora desea verle sin falta y le pide que vaya directamente a su casa.

Peskarev bajó corriendo la escalera. En efecto, en la calle había una berlina. Se sentó en ella, se cerraron las portezuelas, las piedras de la calle resonaron bajo las ruedas y los cascos, y la perspectiva de las casas, iluminadas con brillantes anuncios, pasó volando ante las ventanillas de la berlina. Peskarev reflexionaba durante el camino, sin saber cómo explicarse esta aventura. "Casa propia, berlina, lacayo de rica librea…" No podía relacionar nada de esto con la habitación del cuarto piso, las ventanas empolvadas y el piano abierto. La berlina se detuvo ante una entrada brillantemente alumbrada, asombrándole de súbito la fila de carruajes, las voces de los cocheros, las ventanas resplandecientes y el sonido de la música que llegaba hasta él. El lacayo de la rica librea lo ayudó a bajar de la berlina, acompañándolo en actitud respetuosa hasta el vestíbulo, provisto de columnas de mármol, en el que se encontraba

---

[2] Traje de uniforme, generalmente con levita y distintivos, que llevan algunos empleados y criados.

un portero con uniforme guarnecido de oro, y se veían capas y pellizas diseminadas por diversos lugares, así como una brillante lámpara.

Una airosa escalera de refulgentes barandillas e impregnada de aromas conducía al piso superior. Ya estaba sobre ella…, ya había entrado en la primera sala, asustado y retrocediendo sus pasos a la vista de tanta gente. La extraordinaria variedad de rostros lo dejó completamente aturdido. Le parecía como si algún demonio hubiera desmenuzado el mundo en infinidad de diversos pedazos y que todos aquellos pedazos se hubieran mezclado allí. Los hombros resplandecientes de las damas, los negros fraques, las arañas, las lámparas, los vaporosos volantes de gasa, las etéreas cintas y el grueso contrabajo que asomaba por la barandilla…, ¡todo lo deslumbraba! Vio de pronto reunidos tantos viejos venerables y hombres maduros, de decorados fraques; damas que con tanta ligereza, altivez y gracia se deslizaban por el parquet o permanecían sentadas en fila; oía tantas palabras pronunciadas en francés o en inglés; era tal, además, la distinción de los jóvenes de negros fraques, hablaban y vacilaban con tanta dignidad, sabían tan bien lo que tenían que decir o no decir, con tal solemnidad bromeaban, con tal respeto sonreían, llevaban unas patillas tan perfectas, con tanto arte sabían mostrar sus impecables manos arreglándose la corbata, las damas eran tan vaporosas, estaban tan sumergidas en la propia complacencia, bajaban con tanto encanto los ojos…, que…

Pero ya la modesta actitud de Peskarev, apoyado temeroso en la columna, revelaba el aturdimiento en que se encontraba. La muchedumbre rodeaba en aquel momento el grupo de los que bailaban. Volaban entre éste transparentes creaciones de París y vestidos tejidos por el mismo aire; las bellas rozaban descuidadamente el parquet con sus piececitos y hubieran sido más etéreas todavía si no lo hubieran siquiera rozado. Pero una de ellas estaba vestida mejor que ninguna, más ricamente y con más brillantez. El gusto más exquisito podía apreciarse en toda su vestimenta, pareciendo al mismo tiempo que ella ni se preocupaba de ésta ni le concedía la menor importancia. No miraba a la muchedumbre de espectadores en torno. Sus maravillosas y largas pestañas bajaban indiferentes sobre sus ojos, y la resplandeciente palidez de su rostro sorprendía más cuando, al inclinar la cabeza, una ligera sombra cubría su encantadora frente. Peskarev puso en juego todos sus esfuerzos para, atravesando la muchedumbre, poder contemplarla, pero para mayor enojo suyo una inmensa cabeza de oscuro y rizado pelo le interceptaba sin cesar la vista. La muchedumbre, además, lo estrujaba de tal manera, que no se atrevía a avanzar ni a retroceder por miedo a empujar a alguno de los consejeros. Sin embargo, pudo al fin adelantarse, y miró su traje para arreglar su atavío. "¡Santo cielo!... ¡Qué era aquello!... ¡Tenía toda la levita manchada de pintura!" En la prisa por llegar se había olvidado de ponerse un traje conveniente. Enrojeciendo hasta las orejas, bajó la cabeza y hubiera querido que lo tragara la tierra...; pero esto era imposible. Los gentileshombres de cámara, de resplandecientes trajes, formaban tras ella una compacta pared. Deseaba ahora encontrarse lo más lejos posible de la bella de maravillosas pestañas y linda frente. Temeroso levantó la suya para cerciorarse de que no lo miraban, pero..., ¡Dios mío!, estaba ante él... "¿Qué es esto?... ¿Qué es esto?... ¡Es ella!", exclamó casi en voz alta. En efecto, era ella; la misma a la que había visto por primera vez en Nevski; a la que había acompañado hasta su vivienda.

Ella alzó los párpados y contempló a todos con su clara mirada. "¡Qué bella es, ay!...", pudo tan sólo murmurar con entrecortada respiración. La joven miraba a todo aquel círculo que deseaba atraer su atención; pero su mirada era cansada y distraída cuando sus ojos, apartándose de él, encontraron los de Peskarev. "¡Oh, qué cielo aquel! ¡Qué paraíso! ¡Que otorgue fuerzas el Creador para soportar su contemplación! ¡Una vida entera no bastaría a contenerle y destrozará y enajenará el alma!"

Le hizo una seña, pero no con la mano; fueron los ojos los que la expresaron, pero con tal fineza, que nadie pudo observarla y sólo él la comprendió. El baile se prolongó durante largo tiempo, la fatigada música parecía apagarse y morir, pero de nuevo crecía, chillaba y retumbaba. Por fin cesó. Ella se sentó; su pecho se alzaba con la respiración bajo el fino cendal de la gasa; su mano... (¡supremo Hacedor! ¡Qué mano maravillosa!) cayó sobre las rodillas, oprimiendo con su peso el vaporoso vestido que parecía irradiar música y cuyo fino color lila subrayaba aún más perceptiblemente su brillante blancura. "¡Tan sólo rozar aquella mano! ¡Nada más! ¡Ningún deseo más! ¡Cualquier otro pensamiento sería una osadía!..." Se encontraba detrás de su silla; pero no se atrevía a hablar..., no se atrevía a respirar...

—¿Está usted aburrido? —exclamó ella—. También yo me aburro. Observo que me aborrece usted —añadió después, bajando las largas pestañas.

—¿Aborrecerla yo?... ¿A usted? —intentó decir Peskarev completamente desconcertado.

Seguramente hubiera dicho muchas más incoherencias si en ese momento no se les hubiera acercado un chambelán cuya cabeza lucía un rizado tupé y que comenzó a hacer gratas e ingeniosas observaciones.

Mostraba éste de agradable manera una fila de dientes bastante bonitos, mientras con cada una de sus sutilezas introducía un afilado clavo en el corazón del joven pintor. Alguien por fin, y en buena hora, se dirigió al chambelán para hacerle una pregunta.

—¡Qué insoportable es! —dijo la bella, levantando sus celestiales ojos—. Voy a sentarme al otro lado del salón. Vaya usted allí.

Después, deslizándose entre la muchedumbre, desapareció. Como un loco se abrió paso a empujones entre la muchedumbre hasta trasladarse al otro lado. "¡Conque era ella!" Estaba sentada como una reina, pero más maravillosa que ninguna, y lo buscaba con los ojos.

—¿Está usted aquí? —pronunció en voz baja—. Voy a ser sincera con usted. Seguramente le habrán parecido extrañas las circunstancias de nuestro encuentro. ¿Será posible que haya usted pensado que yo pertenecía a aquella clase despreciable entre la que me encontró? Le parecerá extraña mi actitud, pero le revelaré un secreto. ¿Será usted capaz —agregó, mirándolo fijamente a los ojos— de no traicionarlo nunca?

—¡Oh!… ¡Lo seré! ¡Lo seré!…

En aquel momento se aproximaba un caballero de edad avanzada, que comenzó a hablar con ella en un idioma desconocido para Peskarev, ofreciéndole después el brazo. La joven lanzó una mirada suplicante a Peskarev y le hizo seña de permanecer en el mismo lugar esperando su regreso; pero él, presa de impaciencia, no tenía ya fuerza para recibir órdenes, aunque partieran de aquella boca. Se dispuso a seguirla; pero la muchedumbre vino a separarlos, y dejó de ver el vestido de color lila. Intranquilo, se dirigía de una sala a otra, empujando sin miramiento a todos cuantos encontraba; pero en ellas sólo había gente sentada ante las mesas, jugando a las cartas y sumergida en silencio mortal. En el rincón de un aposento discutían varios ancianos caballeros sobre las ventajas del servicio militar sobre el civil; en otro, algunas personas vestidas con magníficos fraques desgranaban ligeras observaciones sobre el trabajo, en varios volúmenes, de un laborioso poeta. Peskarev sintió de pronto que un señor de bastante edad y respetable aspecto lo cogía por el botón de su frac, proponiéndole que opinara sobre su última, justa, observación; pero el joven lo empujó brutalmente sin fijarse en que aquél ostentaba en el pecho una condecoración en demasía significativa. Se dirigió corriendo a otro aposento, pero tampoco allí estaba ella; un tercero, y tampoco.

—¿Dónde está? ¡Démenla! —exclamó desesperado—. ¡Yo no puedo vivir sin mirarla! ¡Quiero escuchar lo que quería decirme!

Pero toda su búsqueda resultó vana. Inquieto, cansado, se apoyó en un rincón mirando a la muchedumbre. Sus ojos, forzada su vista, empezaban a verlo todo nebuloso. Por fin empezaron a aparecérsele con claridad las paredes de su habitación. Levantó los ojos; ante él estaba la palmatoria con su vela a medio consumir, cuyo sebo se derretía sobre la mesa.

¿Se había dormido entonces? Y ¡qué sueño aquel, Dios mío!… ¿Por qué se despertó?… ¿Por qué no esperó un minuto más?… ¡Seguramente que ella habría vuelto!… Una luz enojosa, como nimbo empañado y desagradable, se asomaba por la ventana. ¡La habitación estaba llena de un desorden tan turbio y tan gris!… ¡Oh, qué repugnante era la realidad!… ¿Cómo poder compararla con el sueño?… Se desvistió rápidamente y envolviéndose en la manta se echó sobre la cama, anhelando volver, aunque sólo fuera por un instante, a aquel sueño desaparecido. Éste no tardó mucho tiempo en llegar, pero no en la forma que él deseaba: tan pronto veía al teniente Piragov con una pipa en la mano, como a un portero de academia, a un consejero o la cabeza de la lechera a la que en tiempos hiciera un retrato, o cualquier otro absurdo semejante.

Hasta el mediodía permaneció echado en la cama intentando dormir, sin que ella apareciera. ¡Si tan sólo por un momento hubiera dejado ver sus maravillosos rasgos! ¡Si sólo un momento se hubiera oído el ruido de sus ligeros pasos, o hubiera pasado raudo ante él el brillo de su brazo desnudo!…

Rechazando toda otra idea, olvidándose de todo, permanecía sentado en actitud desconsolada y sumergido únicamente en aquel ensueño. Sin moverse, sin tocar ningún objeto, miraban sus ojos, vacíos de interés y de toda vida, por la ventana que se abría sobre el patio, en el que un sucio aguador vertía el agua que se hacía hielo en el aire, y la cascada voz de un vendedor pregonaba: "¿Venden ropa vieja?…" Todo lo real, todo lo cotidiano, hería de extraña manera sus oídos. Así permaneció sentado hasta la noche, en que se tendió otra vez, ansioso, sobre la cama. Durante mucho tiempo luchó con el insomnio, pero por fin pudo vencerlo. De nuevo el sueño, pero el sueño vulgar…, feo… "¡Dios mío, apiádate de mí! ¡Aunque sólo sea un minuto!… ¡Un minuto solamente, muéstramela!" De nuevo esperó la llegada de la noche, de nuevo se durmió, soñó de nuevo con algún funcionario que era a la vez funcionario y fagot. ¡Oh!… ¡Aquello era insoportable!… ¡Por fin surgió ella!… ¡Su cabecita cubierta de rizos… lo miraba!… Pero ¡qué breve había sido su aparición!… De nuevo la niebla, de nuevo un sueño disparatado.

Al cabo, aquellos sueños llegaron a constituir su vida entera, y desde ese instante su vida adquirió un giro extraño. Podía decirse que dormía despierto y velaba dormido. Si alguien lo hubiera visto sentado y silencioso, delante de una mesa vacía, o andando sin rumbo por la calle, seguramente lo hubiera tomado por un lunático o por un ser destrozado por el abuso de las bebidas alcohólicas. Su mirada no revelaba la existencia de ningún pensamiento, y su habitual distracción había ido en aumento, hasta el punto de borrar de su semblante todo rastro de sentimiento. Sólo cuando llegaba la noche volvía a la vida.

Tal estado llegó a agotar sus fuerzas, siendo por fin su mayor martirio la pérdida total del sueño. Deseando defender aquella su única riqueza, puso en juego todos los medios para recobrarla. Había oído decir que había algo para conseguirlo y que esto era tan sólo el opio. Pero ¿dónde procurarse este opio? Recordó que conocía a cierto persa que tenía una tienda de chales y que siempre que lo encontraba le pedía que le hiciera el dibujo de alguna bella. Decidió dirigirse a él, pensando en que sin ninguna duda podía procurarle el opio que buscaba. El persa lo recibió sentado sobre sus pies cruzados en el diván.

—¿Para qué quieres el opio? —preguntó. Peskarev le refirió su insomnio.

—Bien. Yo te daré el opio que quieres, pero tendrás que dibujarme alguna beldad. Que sea bonita, que tenga las cejas negras y los ojos grandes como las aceitunas y que me dibujes a mí echado a su lado fumando mi pipa. ¿Me oyes? Que sea bonita…, que sea muy bonita.

Peskarev lo prometió todo. El persa salió un instante del aposento y volvió trayendo un tarrito lleno de un líquido oscuro, del que cuidadosamente vertió parte en otro tarrito que entregó a Peskarev diciéndole que no había de emplear más de siete gotas disueltas en agua. Ansioso, cogió aquél el valioso tarrito, que ni por un montón de oro hubiera cambiado, y alocado volvió a su casa. Al llegar a ésta echó unas cuantas gotas en un vaso de agua, las bebió y se echó a dormir.

¡Dios mío! ¡Qué alegría!… ¡Ella!… ¡Otra vez ella! Pero ahora completamente en distinto aspecto. ¡De qué bella manera estaba sentada junto a la ventana de una alegre casita de campo! Su vestimenta respiraba aquella sencillez con que la revistió el pensamiento del poeta. El peinado… ¡Qué sencillo este peinado y qué bien le iba!… Un pequeño pañuelo estaba echado al desgaire sobre su esbelto cuello. Todo en ella era recato, todo revelaba un inexplicable sentido del gusto. ¡Qué grato y gracioso modo de andar el suyo! ¡Cuánta música en el sonido de sus pasos y en el de su sencillo vestido! ¡Qué linda su muñeca oprimida por un brazalete!… Le decía, con una lágrima temblándole en los ojos:

—No me desprecie… No soy la que usted cree… ¡Míreme! ¡Míreme fijamente y dígame!… ¿Puedo ser yo capaz de lo que usted piensa?

—¡Oh!… ¡No, no! ¡El que se atreva a pensarlo…!

Pero en aquel momento se despertó, conmovido, deshecho y con los ojos llenos de lágrimas. "¡Más valiera que no hubieras existido nunca! ¡Que no hubieras pertenecido a este mundo y fueras sólo producto de la inspiración del artista! ¡No me hubiera entonces separado del lienzo, y eternamente te hubiera mirado y te hubiera besado!… ¡Hubiera vivido, hubiera respirado de ti como de un maravilloso ensueño y hubiera sido dichoso! ¡No hubiera tenido otros anhelos! Te hubiera evocado como a un ángel guardián antes del sueño o la vigilia, contemplándote cuando tuviera que expresar algo beatífico. En cambio, ahora…, ¡qué terrible vida!… ¿De qué puede servirme vivir? ¿Acaso la vida de un loco puede ser grata para los parientes y amigos que lo quisieron en un tiempo? ¡Dios mío!, ¿qué vida es la nuestra? ¿Una eterna pugna entre el sueño y la realidad?"

Semejantes pensamientos se sucedían en él sin cesar. No pensaba en nada. Apenas comía nada, y sólo con la impaciencia y pasión del amante esperaba la noche y con ella la llegada de la tan deseada aparición. Aquellos pensamientos, siguiendo siempre un mismo curso, llegaron a adquirir tal dominio sobre su ser y su imaginación, que la deseada imagen se le aparecía ya casi cada día y siempre en un aspecto contrario a la realidad; tan límpidos e iguales a los de un niño eran sus pensamientos. A través de aquel ensueño el objeto que lo motivaba se hacía más puro, transformándose completamente.

El opio encendía más vivamente sus pensamientos, y no hubo nunca un enamorado hasta un último y mayor grado de locura; uno más impulsivo, terrible, arrollador y rebelde que este pobre infeliz.

Entre todos sus sueños había uno que lo alegraba particularmente sobre los otros. Soñaba con su estudio. ¡Se veía en él tan alegre!… ¡Con tanto deleite sostenía la paleta entre las manos!… Ella estaba sentada allí. Era su mujer. Sentada a su lado, apoyaba su codo encantador sobre el respaldo de su silla, observando su trabajo. Sus lánguidos y cansados ojos parecían cargados de dicha. En toda la habitación se respiraba un ambiente de paraíso. ¡Era todo tan claro, tan cómodo! ¡Oh, supremo Creador!… Ella inclinaba su maravillosa cabecita sobre su pecho… ¡Nunca había tenido un sueño mejor! Después de él, se levantó más despejado y menos distraído que antes.

En su mente nacían extraños pensamientos. "¡Quién sabe si ha sido empujada al vicio por alguna terrible e involuntaria circunstancia! ¡Quién sabe si su alma se siente inclinada al remordimiento!… Puede que ella misma quiera escapar a su terrible situación… ¿Será posible asistir indiferente a su perdición, cuando bastaría tenderle la mano para sacarla de ella?" Sus pensamientos iban cada vez más lejos. "Nadie me conoce —se decía—. ¿A quién importo yo y quién me importa a mí? Si da pruebas de un claro remordimiento y cambia de vida, me casaré con ella. ¡Debo casarme con ella! Y seguramente haré mejor que otros que se casan con sus amas de llaves y hasta a menudo con las más despreciables criaturas. Mi rasgo, en cambio, sería desinteresado y hasta puede que grande. Devolveré al universo su más maravilloso adorno."

Cuando hubo formado este proyecto sintió que el rubor encendía su rostro. Se acercó al espejo y se asustó de la demacración de sus mejillas y de la palidez de su rostro. Comenzó a vestirse esmeradamente. Se lavó, se peinó, se puso un frac nuevo y un elegante chaleco, se echó una capa sobre los hombros y se lanzó a la calle. Al respirar el aire libre sintió un frescor en el corazón como el convaleciente que sale por primera vez después de una larga enfermedad. El corazón le latía al acercarse a aquella calle que sus pies no habían vuelto a pisar desde el fatal encuentro.

Empleó mucho tiempo en buscar la casa, pues la memoria parecía fallarle. Dos veces pasó por la calle sin saber ante qué casa detenerse. Por fin, en una creyó ver la que buscaba. Subió apresuradamente la escalera y golpeó sobre la puerta, que se abrió y… ¿quién imaginan ustedes que le salió al encuentro? ¡Su ideal! ¡Su imagen misteriosa! ¡El objeto de sus ensueños, al que se sentía tan terriblemente ligado con tanto sufrimiento y a la vez con tanta dulzura!… ¡Ella! ¡Ella misma estaba delante de él!… Temblando, apenas podía sostenerse sobre los pies en su arrebato de alegría: ¡tal era su debilidad!

Estaba tan hermosa como siempre, aunque sus ojos parecían adormecidos y la palidez asomaba a su rostro, que comenzaba a perder algo de su frescura. Sin embargo, seguía siendo hermosa.

—¡Ah!… —exclamó al ver a Peskarev y restregándose los ojos; en aquel momento eran las dos de la tarde—. ¿Por qué huyó usted de nosotras aquel día?

Exhausto, él había caído sentado en una silla y la miraba.

—Acabo de despertarme. Me trajeron a las siete de la mañana. Estaba completamente borracha —añadió con una sonrisa.

¡Oh! ¡Más hubiera valido que fuera muda antes que pronunciar tales palabras!… Como en un panorama, toda la vida de aquella mujer se mostró ante los ojos de él. No obstante, resolvió probar si sus admoniciones eran capaces de ejercer algún efecto. Recobrando el ánimo, con la voz temblorosa y al mismo tiempo llena de pasión, empezó a dibujarle todo el horror de la situación en que la veía. Ella lo escuchaba con atención y con aquel sentimiento de asombro que despierta en nosotros lo inesperado y lo extraño. Sonriendo ligeramente, dirigió una mirada a su amiga sentada en un rincón, que, dejando de limpiar el peine que estaba limpiando, se puso también a escuchar con atención al nuevo predicador.

—Es verdad que soy pobre —dijo por último Peskarey, después de su largo sermón— pero trabajaremos, nos esforzaremos a cuál más en mejorar nuestra vida. Nada hay más grato que debérselo todo a sí mismo. Yo, ocupado con mis pinturas; tú, sentada a mi lado, inspirando mis trabajos, bordarás o te emplearás en otras labores manuales, y no necesitaremos de nada más.

—¿Cómo iba a ser posible eso? —dijo ella, interrumpiendo su discurso y con cierto desprecio—. Yo no soy ninguna costurera o lavandera… para ponerme a trabajar.

¡Dios mío!… ¡Toda aquella vida baja y despreciable, que el ocio y el vacío, los dos fieles compañeros del vicio, ocupaban únicamente, se revelaba en estas palabras!

—¿Por qué no se casa usted conmigo? —dijo con descaro, de pronto, la amiga, que hasta entonces permanecía callada en un rincón—. Si yo llego a ser su mujer, me pasaré la vida así sentada.

Y diciendo esto, su lastimoso rostro adoptó una necia expresión, que hizo reír mucho a la bella.

¡Oh! ¡Esto ya era demasiado! Para soportarlo no le quedaban fuerzas. Incapaz de pensar ni de sentir ya nada, echó a correr fuera de allí. Su cerebro se turbó. Estúpidamente, sin rumbo determinado, vagó todo el día por las calles. Nadie pudo saber nunca dónde pasó la noche, y sólo a la mañana siguiente el torpe instinto lo condujo a su casa, en la que penetró pálido, con terrible aspecto y síntomas de locura en el semblante. Se encerró en su habitación, sin dejar pasar a nadie ni pedir nada. Cuatro días transcurrieron y su cuarto continuaba cerrado; después, una semana, sin que éste se abriera.

Se acercaron las gentes a su puerta, empezaron a llamar a ella, pero sin recibir respuesta; por fin la forzaron, y encontraron su cadáver con un tajo en la garganta. Una navaja cubierta de sangre se encontraba en el suelo, mientras que por sus brazos convulsivamente extendidos y el rostro terriblemente contorsionado podía deducirse que su mano no había sido certera y que había sufrido largo tiempo antes de que su alma pecadora abandonara su cuerpo.

Así, pues, pereció, víctima de su loca pasión, el pobre tímido, modesto, infantilmente ingenuo Peskarev, dotado de aquella chispa de talento que quién sabe si algún día se hubiera trocado en brillante llama. Nadie lo lloró, nadie estuvo junto a su cadáver en aquella hora, fuera del acostumbrado policía y el indiferente médico municipal. Su ataúd, sin celebración de oficios religiosos, fue llevado a Ojta, y con la única compañía de un viejo guarda, antiguo soldado, quien no cesó de llorar durante el fúnebre acto, y esto porque había bebido demasiado vodka. Ni siquiera el teniente Piragov vino a contemplar el cadáver del infeliz al que en vida dispensara su alta protección. No tenía tiempo para ello en aquel momento, pues se había visto mezclado con un acontecimiento extraordinario. Vamos, pues, a ocuparnos de él.

No me gusta nada todo lo relacionado con los difuntos, y siempre me resulta desagradable contemplar el desfile de un entierro, con su largo cortejo que se atraviesa en el camino, y cómo un soldado inválido, vestido de capuchino, se ve obligado a tomar rapé con la mano izquierda, porque lleva la derecha ocupada en sujetar un hachón. La vista de una rica carroza fúnebre, con su ataúd de terciopelo, causa siempre enojo en mi alma, mientras que la caja rota y desnuda de un pobre diablo, tras la que se arrastra una mendiga que no tenía mejor cosa que hacer y que se cruzó con él en la calle, me produce, en cambio, una mezcla de enojo y compasión.

Me parece recordar que abandonamos al teniente Piragov en el momento en que se separaba del desdichado Peskarev, apresurándose tras la rubia. Era esta rubia una criaturita ligera y bastante atractiva. Se detenía ante todas las tiendas, miraba los cinturones, pañuelos, pendientes, guantes y demás chucherías, moviéndose sin cesar, mirando en todas direcciones y volviendo la cabeza hacia atrás. "Bien, bien…, palomita mía", decía con aire satisfecho de sí mismo Piragov, prosiguiendo su persecución y ocultando el rostro bajo el embozo del capote, por si encontraba a alguno de sus conocidos. No estará de más, sin embargo, dar a conocer a los lectores quién era el teniente Piragov.

Antes de decirlo, convendría también ocuparnos un poco de la sociedad a que éste pertenecía. Hay algunos oficiales en Petersburgo que constituyen una cierta clase media de la ciudad. En la comida ofrecida por un consejero que después de cuarenta años de servicios obtuvo su categoría, encontrará usted siempre a uno de ellos. Entre unas cuantas pálidas (y tan descoloridas como Petersburgo) hijas de familia, de las cuales algunas alcanzaron una excesiva madurez; junto a la mesita de té, el piano y en medio de los bailes familiares, inseparables de todo esto, verá usted brillar a la luz de la lámpara, entre la rubia formalita, su hermanito o el amigo de la casa, las inevitables charreteras. No es empresa fácil divertir ni hacer reír a estas señoritas de sangre fría, y es preciso para ello disponer de mucho arte o, mejor dicho, no tener ninguno. Es necesario hablar de una manera que no sea ni demasiado inteligente ni demasiado chistosa y que todo esté impregnado de aquella mezquindad que tanto gusta a las mujeres.

En su habilidad para ejercitar este arte, hay que hacer justicia a dichos señores oficiales. Estos tienen el don especial de saber hacer reír y de saber escuchar a estas bellas descoloridas. Exclamaciones ahogadas en risa, semejantes a éstas: "¡Ah!… ¡Cállese ya!… ¿No le da vergüenza hacer reír de esa manera?…", suelen ser para ellos la mejor recompensa.

En la alta sociedad no se les ve con frecuencia; mejor dicho, no se les ve nunca. Son arrojados de ella por los llamados aristócratas. Sin embargo, se les considera gente erudita y bien educada. Les agrada charlar de literatura, alaban a Bulgarin, Pushkin y Grech y hablan con desprecio y de manera punzante de A.A. Orlov. No dejan pasar ninguna conferencia sin asistir a ella, aunque ésta verse sobre la contabilidad o sobre selvicultura. En el teatro, sea cual sea la obra, verá usted siempre a alguno de ellos, a no ser que la obra representada sea Filatki o cualquier otra de este género, que tanto ofende a su refinado gusto. En el teatro se pasan la vida. Son el público más ventajoso para las empresas teatrales. De una obra les agradan especialmente los buenos versos; también les complace llamar a escena con fuerte voz a los artistas. Muchos de ellos, por tener un empleo de profesor en una institución del Estado o por preparar a los alumnos para una de esas instituciones, llegan a poseer un coche y un tronco de caballos. Su círculo entonces se amplía y consiguen por fin hasta casarse con la hija de un comerciante, que sabe tocar el piano y que tiene 100,000 (o cerca de 100,000) rublos de dote y un montón de parientes barbudos. Sin embargo, a este honor no pueden aspirar hasta alcanzar por lo menos el grado de coronel, porque aquellos barbudos, aunque todavía olieran a coles, no querrían de ninguna manera casar sus hijas más que con generales o por lo menos con coroneles.

Éstos son los principales rasgos que caracterizaban a dichos jóvenes. El teniente Piragov, sin embargo, tenía una serie de habilidades de su propiedad particular. Sabía declamar de excelente manera los versos de Dimitri Donskoi y de Gore ot Uma, tenía un arte especial para extraer sortijillas de humo de su pipa (logrando formar hasta diez, las unas dentro de las otras), contaba con mucha gracia la anécdota del cañón y el rinoceronte. En suma, resulta bastante difícil enumerar todas las facultades con que el destino había dotado a Piragov. Gustaba de opinar sobre alguna actriz o bailarina, pero no con el tono rotundo con que suele hacerlo un joven alférez. Se sentía contento de su graduación, a la que sólo hacía poco tiempo ascendiera, aunque a veces, tendido en el diván, solía repetirse: "Todo son vanidades… ¿Qué importa que yo sea teniente?" Sin embargo, interiormente le halagaba aquella distinción.

En las conversaciones solía aludir a su graduación, y una vez, habiendo encontrado en la calle a un escribano del ejército que le pareció descortés, detuvo a éste y en pocas, pero enérgicas palabras, le hizo entender que ante él estaba un teniente y no un oficial cualquiera. Se sentía además especialmente elocuente, pues en ese momento pasaban delante de él dos señoras bastante agraciadas. Por lo general, Piragov aparentaba sentir pasión por todo lo que fuera fino, y protegía al pintor Peskarev, aunque esto tal vez ocurriera porque sentía grandes deseos de ver reproducida sobre un lienzo su vigorosa fisonomía. Pero ya hemos hablado bastante de las cualidades de Piragov. El hombre es una criatura tan portentosa, que resulta imposible enumerar todas sus cualidades, pues cuanto más considera uno éstas, más aparecen otras nuevas, por lo que la descripción de todas ellas sería interminable.

Así, pues, dijimos que Piragov continuaba su persecución de la desconocida, dirigiéndole de cuando en cuando alguna pregunta, a la que ella contestaba brevemente y con sonidos poco articulados.

Después de atravesar la puerta de Kasañ salieron a la calle Meschanskaia, calle de los estancos, de las tiendas de ultramarinos, de los artesanos alemanes y de las ninfas prebálticas. La rubia apresuró el paso y entró volando por la puerta de una casa bastante sucia. Piragov la siguió. Ella subió corriendo la estrecha y oscura escalera y se adentró por una puerta, por la que también Piragov penetró valientemente. Se encontró en una gran habitación de negras paredes, cuyo techo estaba sucio de hollín. Un montón de tornillos de hierro e instrumentos del mismo metal —relucientes cafeteras y palmatorias— estaba encima de la mesa. El suelo aparecía sembrado de virutas de cobre y de hierro. Piragov comprendió en el acto que aquélla era la casa de un artesano. La desconocida se metió por una puerta lateral. Piragov dudó un momento sobre lo que debía hacer; pero luego, siguiendo las reglas rusas, decidió seguir adelante. Entró en una segunda habitación, que no se parecía en nada a la primera y en la que reinaba cierto aseo, por lo que comprendió que su dueño era alemán. Después, la vista de algo particularmente extraño lo dejó asombrado.

Ante él estaba sentado Schiller. No aquel Schiller que escribió *Guillermo Tell* y la *Historia de la guerra de los Treinta Años*, sino el célebre Schiller, maestro forjador de la calle Meschanskaia. Junto a Schiller estaba, en pie, Hoffmann. No el escritor Hoffmann, sino el hábil zapatero de la calle Ofitzerskaia, gran amigo de Schiller. Éste, borracho, estaba sentado en una silla, golpeando el suelo con el pie y diciendo algo apasionado. Quizá esto solo no hubiera bastado a asombrar a Piragov; pero lo que sí le extrañó sumamente fue la posición singular de las figuras.

Schiller, sentado y alzando la cabeza, levantaba su asaz gruesa nariz, mientras Hoffmann sujetaba ésta con dos de sus dedos y daba vueltas sobre su superficie, con la mano, a una cuchilla de zapatero. Ambos hablaban en alemán, por lo que el teniente Piragov, que únicamente sabía decir en esta lengua *guten Morgen*, no podía comprender de lo que se trataba. En realidad, las palabras de Schiller eran las siguientes:

—¡No la quiero! ¡No necesito para nada la nariz! —decía gesticulando—. Sólo la nariz me hace gastar tres libras de tabaco al mes… ¡Por cada libra tengo que pagar 40 kopeks en una mala tienda rusa…, porque en la alemana no tienen tabaco ruso!… ¡Los pago!… Eso hace un rublo y 20 kopeks… ¡Al año…, 14 rublos y 40 kopeks! ¿Lo estás oyendo, amigo Hoffmann?… ¡Sólo la nariz me cuesta 14 rublos 40 kopeks!… Además, añade que los días de fiesta tomo rapé[4], porque esos días no quiero tabaco ruso malo. Me tomo al año 2 libras de rapé, que me cuestan 2 rublos cada una. Seis…, más 14…, son 20 rublos 40 kopeks… ¡Sólo en tabaco! ¿Es o no es un robo, te pregunto yo, amigo Hoffmann? ¿No es verdad?… —Hoffmann, también borracho, le contestaba afirmativamente—. ¡20 rublos y 40 kopeks!… ¡Soy alemán!… ¡Tengo un rey en Alemania!… ¡Yo no quiero mi nariz! ¡Córtamela! ¡Toma mi nariz!

Es indudable que sin la aparición del teniente Piragov, Hoffmann se la hubiera cortado, en efecto, sin más ni más, pues ya tenía cogida la cuchilla de la manera que se suele coger ésta cuando se dispone uno a cortar una suela. El que un desconocido, una persona extraña, viniera de pronto a molestarlos, produjo gran enojo a Schiller. A pesar de encontrarse bajo los vapores de la cerveza y del vino, sentía la inconveniencia de mostrarse en aquel estado y ocupado en tal operación ante un testigo. Mientras tanto, Piragov, inclinándose ligeramente, según su grata manera, dijo:

—Perdóneme…

—¡Fuera! —gritó Schiller, prolongando las sílabas.

Esto dejó perplejo al teniente Piragov. Tal conducta era completamente nueva para él. La sonrisa que empezaba a dibujarse en su rostro desapareció de repente. Con una expresión de dignidad afligida, dijo:

—Me parece esto extraño, señor mío… Seguramente no se ha fijado usted en que soy oficial…

—Y ¡qué importa que sea usted oficial! ¡Yo soy alemán de Suabia! También yo seré oficial alguna vez. Año y medio de junker, dos de teniente… Como quien dice, mañana seré oficial. ¡Pero no quiero servir! ¡A un oficial le hago yo así!

Y diciendo esto, Schiller sopló sobre la palma de su mano. El teniente Piragov comprendió que no le quedaba otra cosa que hacer más que marcharse. Esto, sin embargo, no se avenía con su rango y le resultaba desagradable. Mientras bajaba se detuvo varias veces en la escalera, como queriendo recobrar el ánimo y pensar en la manera de hacer sentir a Schiller su atrevimiento. Por fin decidió que se le podía perdonar, porque tenía la cabeza llena de cerveza y porque, además, su imaginación seguía ocupada en la bonita rubia, en vista de lo cual resolvió dar al olvido el asunto.

Al día siguiente, muy de mañana, el teniente Piragov se presentó en la forja del maestro. En la primera habitación le salió al encuentro la linda rubia, que con una voz bastante severa, que iba muy bien a su carita, le preguntó:

—¿Qué desea usted?

—¡Hola, guapita! ¿No me reconoce, picaruela? ¡Qué ojos tan bonitos!…

Y diciendo esto, el teniente Piragov intentó de graciosa manera levantarle la barbilla.

Pero la rubia, asustada, lanzó una exclamación, y con la misma severidad volvió a preguntarle:

—¿Qué desea usted?

—Verla nada más —dijo el teniente Piragov, sonriendo agradablemente y acercándose más a ella; pero observando que la asustadiza rubia intentaba deslizarse por la puerta, añadió—: Necesito, monina, encargarme un par de espuelas. ¿Podría usted hacérmelas? Aunque el que la quiera, más que espuelas necesitaría riendas. ¡Qué manitas tan lindas!

El teniente Piragov era siempre sumamente amable en esta clase de conversación.

—Voy a llamar en seguida a mi marido —exclamó la alemana.

Se fue, y a los pocos minutos el teniente Piragov vio aparecer a Schiller, con ojos adormilados y apenas recobrado de su borrachera de la víspera. Al mirar al oficial recordó como un sueño embrumado los acontecimientos del día anterior. No se acordaba de nada determinado, pero tenía el sentimiento de haber hecho alguna tontería, lo cual le hizo recibir al oficial con aire severo.

—Por un par de espuelas no puedo llevar menos de quince rublos —dijo, deseando deshacerse de Piragov, pues como honrado alemán le daba vergüenza encontrarse ante quien lo viera en situación inconveniente.

A Schiller le gustaba beber sin testigos, sólo en compañía de dos o tres amigos, y durante este tiempo se ocultaba a los ojos de todos, incluso de sus empleados.

—¿Por qué tan caro? —dijo Piragov, con cariñoso acento.

—Es un trabajo alemán —contestó Schiller con sangre fría, acariciándose la barbilla—. Un ruso llevaría por ello dos rublos.

—Muy bien. Para demostrarle que me inspira usted afecto y que deseo llegar a conocerle, le pagaré quince rublos.

Schiller se quedó parado un momento, reflexionando. En su calidad de honrado alemán, sentía vergüenza. Deseando declinar el encargo, declaró que antes de dos semanas no podría hacerlas. Pero Piragov, sin discusión alguna, manifestó su conformidad.

El alemán, pensativo, empezó a meditar sobre cómo efectuar el trabajo para que éste valiera, en efecto, quince rublos. En este momento la rubia penetró en la forja, poniéndose a buscar algo en la mesa llena de cafeteras. El teniente, aprovechando la meditación de Schiller, se acercó a ella y estrechó su brazo desnudo hasta el mismo hombro. Esto no gustó en absoluto a Schiller.

—*Meine Frau*! —gritó.

—*Was wollen Sie doch*? —contestó la rubia.

—*Gehen Sie* a la cocina!

La rubia se retiró.

—Entonces, ¿dentro de dos semanas? —preguntó Piragov.

—Sí… Dentro de dos semanas —contestó pensativo Schiller—. Ahora tengo mucho trabajo.

—Adiós. Ya vendré a verlo.

—Adiós —contestó Schiller, cerrando la puerta tras él. El teniente Piragov decidió no abandonar su empresa, a pesar de que la alemana le había dado pocas alas. No podía comprender cómo se le podía rechazar, cuando su amabilidad y brillante rango lo hacían acreedor a toda clase de atenciones. Hay que decir también que la mujer de Schiller, a pesar de su grato exterior, era muy tonta. La tontería, por otra parte, constituye el encanto principal de una esposa guapa; yo, por lo menos, he conocido a muchos maridos que se sienten encantados de la estupidez de sus mujeres y ven en ellas todos los síntomas de una ingenuidad infantil. La belleza hace en este punto verdaderos milagros.

Todos los defectos morales en una bella, en lugar de producir repugnancia, se tornan extraordinariamente atrayentes; el vicio mismo se respira en ellas con agrado; desaparece, en cambio, la belleza, y necesita una mujer ser por lo menos veinte veces más inteligente que el hombre para inspirarle, si no amor, por lo menos estimación. La mujer de Schiller, a pesar de su estupidez, era siempre fiel a su deber, y por ello había de ser bastante difícil a Piragov conseguir éxito en su atrevida empresa; empero, al vencimiento de los obstáculos va siempre unido un goce, y la rubia se le hacía cada día más interesante. Comenzó a venir con bastante frecuencia a preguntar por sus espuelas, cosa que acabó aburriendo a Schiller, hasta el punto de que empleó todos sus esfuerzos para terminarlas cuanto antes. Por fin quedaron hechas.

—¡Qué magnífico trabajo! —exclamó el teniente Piragov al ver las espuelas—. ¡Dios mío! ¡Qué bien hechas están! ¡Ni siquiera nuestro general tiene unas iguales!

Un sentimiento de satisfacción floreció en el alma de Schiller. Sus ojos adquirieron una expresión de alegría e hizo las paces con Piragov. "El oficial ruso es un hombre inteligente", pensó para sí.

—Entonces, ¿podría usted hacer también una empuñadura a un puñal o a cualquier otro objeto?

—¡Oh! ¡Claro que puedo! —dijo Schiller con una sonrisa.

—Pues entonces hágame una empuñadura a un puñal. Tengo uno turco muy bueno, al que quisiera cambiársela.

Esto fue como una bomba para Schiller. Su frente se frunció de repente. "Ahora esto…", pensó para sí, reprochándose el haber sido el causante de que le encargaran un nuevo trabajo. Rehusar le parecía una falta de honradez, y además el oficial ruso había alabado su trabajo. Movió ligeramente la cabeza, expresando su conformidad; pero el beso que Piragov al marcharse depositó con descaro en los mismos labios de la linda rubia lo sumergió en el mayor asombro.

No considero superfluo hacer conocer al lector más estrechamente a Schiller. Era éste un verdadero alemán, en todo el sentido de la palabra. Ya a los veinte años, en aquella dichosa edad en que el ruso vive como le viene en gana, había Schiller organizado su vida entera sin apartarse en ningún momento de aquel modo de vivir. Decidió levantarse a las siete de la mañana, comer a las dos, ser exacto en todo y emborracharse cada domingo. Decidió en el transcurso de diez años hacerse un capital de 50,000 rublos, y su decisión era tan firme y tan invencible como el destino mismo. Antes podría olvidarse un funcionario de dar la consabida vuelta por la portería de su superior, que un alemán faltar a su palabra.

En ningún caso aumentaba sus gastos, y si el precio de las papas era más alto de lo corriente, no añadía para su compra ni una sola kopeika, sino que reducía su cantidad, y aunque se quedaba a veces un poco hambriento, llegaba a acostumbrarse. Su exactitud se extendió hasta el punto de decidir no besar a su mujer más de dos veces en veinticuatro horas, y para no hacerlo ni una sola vez más no tomaba más que una cucharadita de pimienta en la sopa, aunque hay que decir que el domingo esta regla no se ejecutaba tan severamente, porque Schiller aquel día se bebía dos botellas de cerveza y una de vodka con cominos, que, sin embargo, solía ser objeto de su censura. Su manera de beber no era igual a la de un inglés, que en cuanto acaba de comer cierra la puerta con pestillo y se emborracha solo. Él, por el contrario, como buen alemán, bebía con inspiración; unas veces con el zapatero Hoffmann y otras con el carpintero Kuntz, también alemán y gran borracho. Así era, pues, el carácter del distinguido Schiller, que por esta vez se veía en una situación excesivamente difícil. A pesar de ser flemático y alemán, el proceder de Piragov despertaba en él algo semejante a los celos. No obstante, movía la cabeza y no podía encontrar la manera de deshacerse de aquel oficial ruso. Mientras tanto, Piragov, fumando su pipa en el círculo de sus amigos (porque quiere el destino que donde haya oficiales haya pipas), hacía alusiones significativas, envueltas en grata sonrisa, sobre la aventura respecto de la bonita alemana, con la cual, según sus palabras, tenía ya mucha amistad, aunque en realidad casi había perdido ya toda esperanza de inclinarla a su favor.

Un día, mientras paseaba por la calle Meschanskaia mirando a la casa sobre la que destacaba hermosamente el anuncio de Schiller, en el que aparecían cafeteras y algún samovar, percibió con la mayor alegría la cabecita de la rubia, que se inclinaba por la ventana para mirar a los transeúntes. La saludó con la mano y dijo:

—*Guten Morgen.*

La rubia lo saludó a su vez como a un conocido.

—Qué, ¿está en casa su marido?

—Sí; está en casa —contestó la rubia.

—Y ¿cuándo no está en casa?

—Los domingos no está en casa —dijo la tontita rubia. "Bien —pensó para sí Piragov—. Hay que aprovechar esto."

Al domingo siguiente, como un aguacero inesperado, apareció ante la rubia. Schiller no estaba, en efecto, en casa. La linda dueña se asustó; pero Piragov, procediendo esta vez con mucho cuidado, la trató con gran respeto y mostró al saludarla toda la arrogancia de su esbelto talle. Bromeó agradablemente y con gran consideración; pero la tontita alemana le contestaba de una manera lacónica. Al cabo, y viendo que nada podía divertirla, le propuso bailar. La alemana se mostró conforme al momento, pues a todas las alemanas les agrada mucho bailar.

Piragov basaba mucho en esto sus esperanzas; primeramente, porque le gustaría; segundo, porque le daría ocasión de lucir su silueta y su habilidad, y tercero, porque bailando podía uno aproximarse más, abrazar a la bonita alemana y empezar su conquista. En una palabra, en esto radicaría su éxito.

Comenzó por una gavota, sabiendo que con las alemanas hay que emplear cierta graduación. Ella se colocó en el centro de la habitación y alzó el maravilloso piececito. Tal actitud admiró tanto a Piragov, que se apresuró a besarla. La alemana se puso a gritar, lo que la hizo aún más encantadora a los ojos de Piragov, que la cubrió de besos. De repente, la puerta se abrió y por ella entró Schiller, acompañado de Hoffmann y el carpintero Kuntz. Todos estos dignos artesanos estaban borrachos como cubas.

Dejo a mis lectores juzgar del frenesí y la indignación que se apoderaron de Schiller.

—¡Bruto! —gritaba, presa de la mayor furia—. ¿Cómo te atreves a besar a mi mujer? ¡Eres un canalla y no un oficial ruso! ¡Qué diablos, amigo Hoffmann! ¡Yo soy alemán, por fortuna, y no un cochino ruso! ¡Oh!… ¡No consiento que me engañe mi mujer! ¡Agárralo por el cuello, amigo Hoffmann!… ¡No lo consiento! —prosiguió, gesticulando mientras su cara se semejaba al paño rojo de su chaleco—. ¡Ocho años hace que vivo en Petersburgo! ¡En Suabia vive mi madre, y mi tío en Nüremberg! ¡Soy alemán! ¡Desnúdenlo! ¡Amigo Hoffmann, amigo Kuntz!… ¡Cójanlo por los pies y por las manos!

Y los alemanes cogieron por los pies y por las manos a Piragov. En vano se esforzaba éste por luchar. Aquellos tres artesanos eran los más robustos de todos los alemanes de Petersburgo. Se portaron con él de una manera tan brutal y tan descortés, que confieso no poder encontrar palabras capaces de describir el triste acontecimiento.

Estoy seguro de que al día siguiente Schiller, presa de una fuerte fiebre, temblaría como la hoja del árbol, esperando la llegada de la policía, como también estoy seguro de que hubiera dado todo lo indecible porque lo ocurrido la víspera hubiera sido un sueño. Sin embargo, esto ya no tenía remedio. En cuanto al enfado e indignación de Piragov…, nada había que pudiera comparárseles. La idea sólo de tan terrible ofensa le producía frenesí. Consideraba a Siberia y a todos los látigos como el ínfimo castigo para Schiller. Marchó corriendo a su casa para desde allí, después de vestirse, dirigirse directamente al general y describirle con los más vivos colores la furia de los artesanos alemanes. También se proponía presentar una queja al Estado Mayor, pensando también en elevar ésta aún más alto si el castigo infligido era pequeño.

No obstante, todo aquello terminó de una manera extraña: durante el camino entró en una confitería, en la que se comió dos hojaldres; leyó alguna cosa en el diario *Abeja del Norte* y salió de allí más aliviado del enfado. Además, la tarde, fresca y agradable, lo invitó a dar un paseo por la perspectiva Nevski.

Hacia las nueve, y habiéndose ya tranquilizado, empezó a encontrar incorrecto el molestar al general en un domingo, pensando también que estaría ausente. Por tanto, se dirigió a una reunión que celebraba en su casa el jefe del Colegio de Inspectores, a la que acudía una sociedad muy agradable compuesta de funcionarios y oficiales. Pasó con gran gusto la velada, distinguiéndose de tal manera al bailar la mazurka, que maravilló no solamente a las damas, sino también a los caballeros.

"¡Qué mundo tan extraño el nuestro!", pensaba yo cuando pasaba hace tres días por la perspectiva Nevski, acordándome de estos acontecimientos. ¡De qué modo tan singular, tan incomprensible, juega con nosotros el destino!… ¿Conseguimos alguna vez lo que deseamos? ¿Alcanzamos aquello para lo que están dispuestas nuestras fuerzas?

Todo ocurre, por el contrario, al revés. Al uno otorgó la suerte maravillosos caballos y pasea con ellos indiferente, sin reparar en su belleza, mientras que otro, cuyo corazón arde de pasión por los caballos, camina a pie y se satisface tan sólo chascando la lengua cuando delante de él pasa un buen trotador. Aquél dispone de un magnífico cocinero; pero, desgraciadamente, su boca es tan pequeña que no puede pasar por ella más de dos pedacitos; otro la tiene, en cambio, del tamaño del arco del edificio del Estado Mayor y ha de contentarse con comida alemana hecha a base de papas. ¡De qué extraña manera juega con nosotros el destino! Pero lo más singular de todo esto son los sucesos que ocurren en la perspectiva Nevski. ¡Oh!… ¡No crea usted en la perspectiva Nevski! Yo, cuando paso por ella, me envuelvo más fuertemente en mi capa y me esfuerzo en no mirar nada de lo que me sale al encuentro. ¡Todo es engaño! ¡Todo es ensueño! ¡Todo es otra cosa de lo que parece!

Imagina usted que el señor que pasea vestido de levita tan maravillosamente hecha es muy rico… Pues nada de eso. Ese señor se compone sólo de su levita. Usted imagina que aquellas dos gordinflonas detenidas ante una iglesia están apreciando su arquitectura… Nada de eso. Hablan de la manera extraña con que dos cuervos se sentaron uno frente a otro. A usted se le figura que aquel entusiasta que gesticula está contando cómo su mujer tiró por la ventana una bolita a un oficial desconocido…, cuando de lo que está hablando es de La Fayette. Piensa usted que estas damas… Pero a las damas créalas usted lo menos posible. Contemple lo menos posible los escaparates de las tiendas. Las bagatelas expuestas en ellas son maravillosas, pero huelen a enorme cantidad de dinero…, y, sobre todo…, ¡Dios le guarde de mirar bajo los sombreritos de las damas!… Aunque a lo lejos vuele, atrayente, la capa de una bella…, por nada del mundo iré en pos de ésta a curiosear. Lejos…, por amor de Dios…, ¡más lejos del farol! Pase usted muy de prisa, lo más de prisa que pueda, delante de él. Tendrá usted suerte si lo único que le ocurre es que le caiga una mancha de aceite maloliente sobre su elegante levita. Pero no es sólo el farol lo que respira engaño.

En todo momento miente la perspectiva Nevski; pero miente sobre todo cuando la noche la abraza con su masa espesa, separando las pálidas y desvaídas paredes de las casas, cuando toda la ciudad se hace trueno y resplandor, y minadas de carruajes pasan por los puentes, gritan los postillones saltando sobre los caballos y el mismo demonio enciende las lámparas con el único objeto de mostrarlo todo bajo un falso aspecto.

LA TERRIBLE VENGANZA

En el oscuro sótano de la casa del amo Danilo, y bajo tres candados, yace el brujo, preso entre cadenas de hierro; más allá, a orillas del Dnieper, arde su diabólico castillo, y olas rojas como la sangre baten, lamiéndolas, sus viejas murallas. El brujo está encerrado en el profundo sótano no por delito de hechicería, ni por sus actos sacrílegos: todo ello que lo juzgue Dios. Él está preso por traición secreta, por ciertos convenios realizados con los enemigos de la tierra rusa y por vender el pueblo ucranio a los polacos y quemar iglesias ortodoxas.

El brujo tiene aspecto sombrío. Sus pensamientos, negros como la noche, se amontonan en su cabeza. Un solo día le queda de vida. Al día siguiente tendrá que despedirse del mundo. Al siguiente lo espera el cadalso. Y no sería una ejecución piadosa: sería un acto de gracia si lo hirvieran vivo en una olla o le arrancaran su pecaminosa piel.

Estaba huraño y cabizbajo el brujo. Tal vez se arrepienta antes del momento de su muerte, ¡pero sus pecados son demasiado graves como para merecer el perdón de Dios!

En lo alto del muro hay una angosta ventana enrejada. Haciendo resonar sus cadenas se acerca para ver si pasaba su hija. Ella no es rencorosa, es dulce como una paloma, tal vez se apiade de su padre… Pero no se ve a nadie. Allí abajo se extiende el camino; nadie pasa por él. Más abajo aún se regocija el Dnieper, pero ¡qué puede importarle al Dnieper! Se ve un bote… Pero ¿quién se mece? Y el encadenado escucha con angustia su monótono retumbar.

De pronto alguien aparece en el camino: ¡Es un cosaco! Y el preso suspira dolorosamente. De nuevo todo está desierto… Al rato ve que alguien baja a lo lejos… El viento agita su manto verde, una cofia dorada arde en su cabeza… ¡Es ella!

Él se aprieta aún más contra los barrotes de la ventana. Ella, entretanto, ya se acerca…

—Katerina, hija mía, ¡ten piedad! ¡Dame una limosna!

Ella permanece muda, no quiere escucharlo. Tampoco levanta sus ojos hacia la prisión, ya pasa de largo, ya no se la ve. El mundo está vacío; el Dnieper sigue con su melancólica canción y la tristeza vacía el alma. Pero, ¿conocerá el brujo la tristeza?

El día está por terminar. Ya se puso el sol, ya ni se lo ve. Ya llega la noche: está refrescando. En alguna parte muge un buey, llegan voces.

Seguramente es la gente que vuelve de sus faenas y está alegre; sobre el Dnieper se ve un bote… Pero, ¿quién se acordará del preso? Brilla en el cielo el cuerpo de plata de la luna nueva. Alguien viene del lado opuesto del camino pero es difícil distinguir las cosas en la penumbra…, ¡pero sí!… Es Katerina que está volviendo.

—¡Hija, por el amor de Cristo! Ni los feroces lobeznos despedazan a su madre. ¡Hija mía!…, ¡mira al menos a este criminal padre tuyo!

Ella no lo escucha y sigue su camino.

—¡Hija!… ¡En el nombre de tu desdichada madre!

Ella se detuvo.

—¡Ven, ven a escuchar mis últimas palabras!

—¿Para qué me llamas, apóstata? ¡No me llames hija! Ningún parentesco puede existir entre nosotros. ¿Qué pretendes de mí en nombre de mi desdichada madre?

—¡Katerina! Se acerca mi fin. Sé que tu marido me atará a la cola de una yegua y luego la hará galopar por el campo… ¡Y quién sabe si no elegirá una ejecución más terrible!

—¿Acaso hay en el mundo una pena que se iguale a tus pecados? Espérala, nadie intercederá por ti.

—¡Hija! No temo el castigo, más temo los suplicios en el otro mundo… Tú eres inocente, Katerina, tu alma volará al paraíso, al reino de Dios. Mientras, el alma de tu sacrílego padre arderá en el fuego eterno, un fuego que nunca se apagará. Arderá cada vez más fuerte; ni una gota de rocío caerá sobre mí, ni soplará la más leve brisa…

—No está en mi poder aplacar aquel castigo —dijo Katerina, volviendo la cabeza.

—¡Katerina! ¡Una palabra más, tú puedes salvar mi alma!. Tú no te imaginas qué bueno y misericordioso es Dios. Habrás oído la historia del apóstol Pablo, un gran pecador que luego se arrepintió y se convirtió en un santo.

—¿Qué puedo hacer yo para salvarte? —respondió Katerina—. ¿Acaso yo, una débil mujer, puede pensar en ello?

—Si pudiese salir de aquí, renunciaría a todo y me arrepentiría. Confesaría mis pecados, me iría a una cueva, aplicaría ásperos cilicios sobre mi cuerpo y, día y noche, rogaría a Dios. No sólo no comería carne, ¡ni siquiera pescado comería! No cubriría con ningún manto la tierra sobre la que me echara a dormir. ¡Y rezaría, rezaría sin descanso! Y si después de todo esto la bondad divina no me perdona aunque sólo sea la décima parte de mis pecados, me enterraría hasta el cuello en la tierra y me amuraría dentro de una muralla de piedra. No tomaría alimento, no bebería agua. Dejaría todos mis bienes a los monjes para que durante cuarenta días con sus noches rezaran por mí…

Katerina se quedó pensativa.

—Aunque yo abriese la puerta —dijo—, no podría quitarte las cadenas…

—No son las cadenas lo que yo temo —dijo él—. ¿Crees que han encadenado mis manos y mis pies? No. Yo eché bruma en sus ojos y en lugar de mis brazos les tendí madera seca. ¡Mírame!… Ninguna cadena hay sobre mis huesos —añadió, surgiendo entre las sombras del sótano—. Tampoco temería estos muros y pasaría a través de ellos, pero tu marido no se imagina qué muros son éstos: los construyó un santo ermitaño y ninguna fuerza impura puede hacer salir a un prisionero, pues la puerta tiene que abrirse con la misma llave con que el santo cerraba su celda. ¡Una celda así cavaré para mí, pecador, el mayor de los pecadores!

—Escucha… yo te pondré en libertad, pero ¿y si me estás engañando? —dijo Katerina, deteniéndose junto a la puerta—. ¿Y si en lugar de arrepentirte sigues hermanado con el diablo?

—No, Katerina, ya me queda poca vida. Ya, aunque no fuera a ser ejecutado, mi fin estaría cerca. ¿Es posible que me creas capaz de exponerme al castigo eterno? —sonaron los candados—. ¡Adiós! ¡Que Dios todo misericordioso te ampare, hija mía! —dijo el hechicero, besándola en la frente.

—¡No me toques, horrendo pecador! ¡Vete, pronto! —decía Katerina.

Pero él ya había desaparecido.

—Lo he puesto en libertad —se dijo ella, asustada y mirando con ojos enloquecidos las paredes—. ¿Qué le diré a mi marido? Estoy perdida. Lo único que me queda es enterrarme viva —y sollozando se dejó caer en el tronco que servía de silla al prisionero—. Pero salvé un alma —dijo ella, quedamente—, hice una obra grata a Dios; ¿y mi marido?… Es la primera vez que lo engaño. ¡Oh, qué horrible! ¿Cómo podré guardar mi mentira? Alguien viene. ¡Y es él, mi marido! !Es él, mi marido! —gritó desesperadamente, y cayó a tierra desvanecida.

—Soy yo, mi niña. ¡Soy yo, mi corazón! —oyó decir Katerina, recobrándose y viendo ante sí a la vieja sirvienta. La mujer, inclinada sobre ella, parecía susurrar ciertas palabras y con su seca mano la salpicaba con gotas de agua fría.

—¿Dónde estoy? —decía Katerina, incorporándose a medias y mirando a su alrededor—. Ante mí se agita el Dnieper, y detrás de mí se alzan las montañas. ¿Adónde me has traído, mujer?

—Te he sacado en brazos de aquel sótano sofocante y luego cerré la puerta con la llave para que el amo Danilo no te castigue.

—¿Y dónde está la llave? —dijo Katerina, mirando su cinturón—. No la veo.

—La desanudó tu marido, hija mía, para ir a ver al brujo.

—¿Para verlo?… ¡Ay, mujer, estoy perdida! —exclamó Katerina.

—Dios nos libre de eso, mi niña. Tú debes permanecer callada, mi niña, nadie sabrá nada.

—¿Has oído, Katerina? —exclamó Danilo, acercándose a su mujer. Sus ojos llameaban, mientras el sable, tintineando, se balanceaba en su cinturón. La mujer quedó muerta de espanto—. ¡Él se escapó, el maldito Anticristo!

—¿Acaso alguien lo ha dejado huir, amado mío? —dijo ella, temblando.

—Seguramente lo dejaron salir, pero fue el diablo. Mira, en su lugar hay un tronco encadenado. ¡Por qué habrá hecho Dios que el diablo no tema las garras cosacas! Si sólo se me cruzara por la cabeza la idea de que alguno de mis muchachos me ha traicionado, y, si llegara a saber… ¡Ah!, no encontraría un castigo digno de su culpa…

—¿Y si hubiera sido yo? —dijo involuntariamente Katerina, pero enseguida se calló.

—Si tal cosa fuese verdad, no serías mi esposa. Te cosería dentro de una bolsa y te arrojaría al Dnieper.

Katerina se sintió desvanecer, le pareció que sus cabellos se separaban de su cabeza.

En la taberna del camino fronterizo se juntaron los polacos y hace dos días están de gran juerga. Hay bastante de toda esta chusma. Se habrán juntado probablemente para una incursión; algunos de ellos hasta llevan mosquete. Se oyen sonar las espuelas y tintinear los sables. Los nobles polacos beben, gritan y se vanaglorian de sus extraordinarias hazañas, se burlan de los cristianos ortodoxos, llaman a los ucranianos sus siervos, retuercen con aire digno sus mostachos y se repantigan en los bancos con las cabezas erguidas. Está con ellos el cura polaco, pero ese cura tiene la misma traza de sus compatriotas; ni por su aspecto perece un sacerdote: bebe y festeja como todos y con su impía lengua pronuncia palabras repugnantes. Tampoco los sirvientes se quedan atrás: arremangándose sus rotas casacas como si fueran hombres de bien, juegan a los naipes y pegan con ellos en las narices de los perdedores… Y se llevan mujeres ajenas… ¡Gritos, peleas!… Los señorones parecen poseídos y hacen bromas pesadas: tiran de la barba al judío tabernero y pintan, sobre su frente impura, una cruz; luego disparan contra las mujeres con balas de fogueo y bailan el krakoviak con su inmundo cura. Nunca se vio tal desvergüenza ni siquiera durante las incursiones tártaras: es posible que Dios haya querido, permitiendo estas atrocidades, castigar los pecados de la tierra rusa… Y entre el endemoniado rumor se oye mencionar la chacra del amo Danilo y de su hermosa mujer, allá, en la otra orilla del Dnieper. Para nada bueno se ha juntado esta pandilla.

El amo Danilo se halla sentado en su habitación, acodado sobre la mesa. Parece meditar. Desde el banco el ama Katerina canta una canción.

—¡Estoy muy triste, querida mía! —dijo el amo Danilo—. Me duele la cabeza, me duele el corazón. Algo me oprime… Se ve que la muerte anda rondando mi alma.

—¡Oh, mi amado Danilo! Apoya tu cabeza en mi pecho. ¿Por qué acaricias en tu corazón pensamientos nefastos? —pensó Katerina, pero no se atrevió a decirlo en voz alta. Se sentía culpable y le resultaba imposible recibir caricias de su esposo.

—Escucha, querida —dijo Danilo—. No abandones jamás a nuestro hijo cuando yo deje esta vida. Dios no te daría felicidad si lo abandonaras, ni en este mundo ni en el otro. ¡Sufrirán mis huesos al pudrirse en la tierra, pero más, mucho más, sufrirá mi alma!

—¿Qué dices, esposo mío? ¿No eras tú quien se burlaba de las débiles mujeres, tú, que ahora hablas como una de ellas? Aún has de vivir mucho tiempo.

—No, Katerina, mi alma presiente su próximo fin. Se vuelve triste la vida en esta tierra; se acercan tiempos aciagos. ¡Ah, cuántos recuerdos! ¡Aquellos años que ya no volverán! Aún vivía Konashevich, gloria y honor de nuestro ejército. Veo pasar ante mis ojos los regimientos cosacos. ¡Aquélla sí fue una época de oro, Katerina! El viejo hetmán montaba en su caballo moro, en sus manos refulgía el bastón, mientras a su alrededor se agitaba la infantería cosaca… ¡Ah, cómo se movía el rojo mar de jinetes de Zaporozhie. El hetmán hablaba y todos quedaban como petrificados. Y el viejo lloraba cuando recordaba nuestras antiguas hazañas, aquellas luchas cuerpo a cuerpo. ¡Ah, Katerina, si supieras cómo peleábamos con los turcos! En mi cabeza conservo una profunda cicatriz. Cuatro balas me han atravesado y ninguna de estas heridas ha terminado de curarse, ¡Cuánto oro arrebatamos entonces! Los cosacos traían sus gorras llenas de piedras preciosas. ¡Y qué caballos, Katerina, si supieras qué caballos apresábamos entonces! No, ya no podré pelear como entonces. Parece que no estoy viejo, mi cuerpo se mantiene ágil; pero la espada cosaca se cae de mis manos, vivo sin hacer nada y yo mismo ya no sé para qué vivo. No hay orden en Ucrania. Los coroneles y los esaúles[1] riñen entre sí como los perros; no hay guía que los dirija. Nuestras familias de abolengo adoptaron las costumbres polacas, aprendieron su hipócrita astucia… Vendieron sus almas al aceptar la unia[2]. Los judíos explotan al pobre. ¡Oh tiempos, tiempos pasados! ¿Dónde han quedado mis años juveniles? ¡Anda, muchacho! Tráeme de la bodega un jarro de hidromiel. Beberé por nuestra suerte de antaño, por los tiempos idos.

—¿Con qué vamos a convidar a las visitas, mi amo? ¡Por el lado de las llanuras se acercan los polacos! —dijo Stetzko, entrando en la jata[3].

—¡Sé muy bien a qué vienen! —exclamó Danilo, levantándose de su asiento—. ¡Ensillen los caballos, mis servidores. ¡Colóquenles sus guarniciones! ¡Todos los sables fuera de las vainas! ¡Ah, y a no olvidarse de la avena de plomo: recibiremos con honra a los visitantes!

Los cosacos aún no habían tenido tiempo de montar sus caballos y cargar sus mosquetes cuando los polacos, cuál ocres hojas cayendo de los árboles en otoño, cubrieron totalmente la falda de la montaña.

—¡Bueno, bueno! ¡Aquí hay con quién charlar a gusto! —dijo Danilo, mirando a los gordos señores que muy orondos se balanceaban en sus cabalgaduras con arneses de oro—. ¡Por lo que veo nos está esperando una fiesta hermosa! ¡Goza, pues, tu última hora, alma de cosaco! Ha llegado nuestro día: ¡a festejarlo, pues, muchachos!

Y comenzó la orgía de las montañas. Comenzó el gran festín: ya se pasean las espadas, vuelan los proyectiles, relinchan los corceles. Los gritos enloquecen la mente, el humo enceguece los ojos. Todo se mezcla; pero el cosaco siente dónde está el amigo y dónde el enemigo. Y cuando estalla una bala, cae del caballo un bravo jinete; cuando silba el sable, una cabeza rueda por tierra murmurando palabras confusas.

Pero en medio de la multitud siempre sobresale el rojo tope de un gorro cosaco. Es el amo Danilo: brilla el cinto de oro de su casaca azul, vuela como un torbellino la crin de su caballo moro. Está en todas partes, parece un pájaro. Grita y agita su sable de Damasco y pega golpes a diestra y siniestra…

—¡Pega, asesta tus sablazos, cosaco! ¡Date el gusto, diviértete, cosaco! Goza con tu corazón de valiente!, pero no vayas a distraerte con los arneses de oro y las ricas casacas. ¡Pisa con herraduras de tu corcel el oro y las piedras preciosas! ¡Clava tu lanza, cosaco! Goza, goza, pero mira hacia atrás, los impíos polacos están prendiendo fuego a las viviendas y se llevan el asustado ganado.

Y el amo Danilo, como un torbellino, vuelve grupas, y ya se ve su gorro con el tope rojo cerca de las jatas, y mengua la muchedumbre de los enemigos.

Varias horas duró la pelea entre cosacos y polacos. El número de éstos era cada vez menor, pero el amo Danilo parecía incansable. Con su larga lanza abatía a los jinetes enemigos, y su bravo caballo picoteaba a los que estaban de pie. Ya queda libre de invasores el patio, ya huyen los polacos, ya los cosacos se abalanzan sobre los enemigos muertos para arrancar sus casacas adornada de oro y los ricos arneses. Y el amo Danilo se disponía a reunir a su gente para iniciar la persecución, cuando... de pronto, se estremeció... Creyó ver al padre de Katerina. Estaba ahí, sobre la loma, apuntándole con un mosquete. Danilo fustigó su caballo hacia donde se hallaba el otro...

—¡Cosaco, estás ideando tu perdición!

Retumba el mosquete y el brujo desaparece detrás de la loma. Sólo el fiel Stetzko ve cómo desaparece la vestidura roja y el extraño gorro. Pero el cosaco vacila, cae a tierra. Ya se lanza el fiel Stetzko, para ayudar a su amo, tendido en tierra, cerrados sus claros ojos. Pero ya Danilo ha percibido la presencia de su fiel servidor. ¡Adiós, Stetzko! Dile a Katerina que no abandone a su hijo y no lo abandonen ustedes, mis fieles servidores —dijo, y luego calló.

Ya vuela el alma del cosaco de su cuerpo, morados están sus labios... Duerme el cosaco y ya nadie podrá despertarlo.

EL ABRIGO

En el departamento ministerial de **F**; pero creo que será preferible no nombrarlo, porque no hay gente más susceptible que los empleados de esta clase de departamentos: los oficiales, los cancilleres... en una palabra, todos los funcionarios que componen la burocracia. Y ahora, dicho esto, muy bien pudiera suceder que cualquier ciudadano honorable se sintiera ofendido al suponer que en su persona se hacía una afrenta a toda la sociedad de que forma parte. Se dice que hace poco un capitán de policía —no recuerdo en qué ciudad— presentó un informe en el que manifestaba claramente que se burlaban los decretos imperiales y que incluso el honorable título de capitán de policía se llegaba a pronunciar con desprecio. Y, en prueba de ello, mandaba un informe voluminoso de cierta novela romántica, en la que, a cada diez páginas, aparecía un capitán de policía, y a veces, y esto es lo grave, en completo estado de embriaguez. Y por eso, para evitar toda clase de disgustos, llamaremos sencillamente "un departamento" al departamento de que hablemos aquí.

Pues bien: en cierto departamento ministerial trabajaba un funcionario de quien apenas si se puede decir que tenía algo de particular. Era bajo de estatura, algo picado de viruelas, un tanto pelirrojo y también algo corto de vista, con una pequeña calvicie en la frente, las mejillas llenas de arrugas y el rostro pálido, como el de las personas que padecen de hemorroides... ¡Qué se le va a hacer! La culpa la tenía el clima petersburgués.

En cuanto al grado —ya que entre nosotros es la primera cosa que sale a colación—, nuestro hombre era lo que llaman un eterno consejero titular, de los que, como es sabido, se han mofado diversos escritores que tienen la laudable costumbre de atacar a los que no pueden defenderse. El apellido del funcionario en cuestión era Bachmachkin, y ya por el mismo se ve claramente que deriva de la palabra "zapato"; pero cómo, cuándo y de qué forma, nadie lo sabe. El padre, el abuelo y hasta el cuñado de nuestro funcionario, y todos los Bachmachkin, llevaron siempre botas, a las que mandaban poner suelas solo tres veces al año. Nuestro hombre se llamaba Akakiy Akakievich. Quizá al lector le parezca este nombre un tanto raro y rebuscado, pero puedo asegurarle que no lo buscaron adrede, sino que las circunstancias mismas hicieron imposible darle otro, pues el hecho ocurrió como sigue:

Akakiy Akakievich nació, si mal no se recuerda, en la noche del veintidós al veintitrés de marzo. Su difunta madre, buena mujer y esposa también de otro funcionario, dispuso todo lo necesario, como era natural, para que el niño fuera bautizado. La madre guardaba aún cama, la cual estaba situada enfrente de la puerta, y a la derecha se hallaban el padrino, Iván Ivanovich Erochkin, hombre excelente, jefe de oficina en el Senado, y la madrina, Arina Semenovna Belobriuchkova, esposa de un oficial de la policía y mujer de virtudes extraordinarias.

Dieron a elegir a la parturienta entre tres nombres: Mokkia, Sossia y el del mártir Josdasat.

—No —dijo para sí la enferma—. ¡Vaya unos nombres! ¡No!

Para complacerla, pasaron la hoja del almanaque, en la que se leían otros tres nombres: Trifiliy, Dula y Varajasiy.

—¡Pero todo esto parece un verdadero castigo! —exclamó la madre—. ¡Qué nombres! ¡Jamás he oído cosa semejante! Si por lo menos fuese Varadat o Varuj; pero ¡Trifiliy o Varajasiy!

Volvieron otra hoja del almanaque y se encontraron los nombres de Pavsikajiy y Vajticiy.

—Bueno; ya veo —dijo la anciana madre— que este ha de ser su destino. Pues bien: entonces, será mejor que se llame como su padre. Akakiy se llama el padre; que el hijo se llame también Akakiy.

Y así se formó el nombre de Akakiy Akakievich. El niño fue bautizado. Durante el acto sacramental lloró e hizo tales muecas, cual si presintiera que había de ser consejero titular. Y así fue como sucedieron las cosas. Hemos citado estos hechos con objeto de que el lector se convenza de que todo tenía que suceder así y que habría sido imposible darle otro nombre.

Cuándo y en qué época entró en el departamento ministerial y quién le colocó allí, nadie podría decirlo. Cuantos directores y jefes pasaron lo habían visto siempre en el mismo sitio, en idéntica postura, con la misma categoría de copista; de modo que se podía creer que había nacido así en este mundo, completamente formado, con uniforme y la serie de calvas sobre la frente.

En el departamento nadie le demostraba el menor respeto. Los ordenanzas no solo no se movían de su sitio cuando él pasaba, sino que ni siquiera lo miraban, como si se tratara solo de una mosca que pasara volando por la sala de espera. Sus superiores lo trataban con cierta frialdad despótica. Los ayudantes del jefe de oficina le ponían los montones de papeles debajo de las narices, sin decirle siquiera: «Copie esto» o «Aquí tiene un asunto bonito e interesante», o algo por el estilo, como corresponde a empleados con buenos modales. Y él los cogía, mirando tan solo a los papeles, sin fijarse en quién los ponía delante de él ni si tenía derecho a ello. Los tomaba y se ponía en el acto a copiarlos.

Los empleados jóvenes se burlaban de él con todo el ingenio de que es capaz un cancillerista —si es que, al referirse a ellos, se puede hablar de ingenio—, contando en su presencia toda clase de historias inventadas sobre él y su patrona, una anciana de setenta años. Decían que esta le pegaba y preguntaban cuándo iba a casarse con ella, y le tiraban sobre la cabeza papelitos, diciéndole que se trataba de copos de nieve. Pero, a todo esto, Akakiy Akakievich no replicaba nada, como si se encontrara allí solo. Ni siquiera ejercía influencia en su ocupación, y, a pesar de que le daban la lata de esta manera, no cometía ni un solo error en su escritura. Solo cuando la broma resultaba demasiado insoportable, cuando le daban algún golpe en el brazo, impidiéndole seguir trabajando, pronunciaba estas palabras:

—¡Déjenme! ¿Por qué me ofenden?

Había algo extraño en estas palabras y en el tono de voz con que las pronunciaba. En ellas aparecía algo que inclinaba a la compasión. Y así sucedió en cierta ocasión: un joven que acababa de conseguir empleo en la oficina y que, siguiendo el ejemplo de los demás, iba a burlarse de Akakiy, se quedó cortado, cual si le hubieran dado una puñalada en el corazón, y desde entonces pareció que todo había cambiado ante él y lo vio todo bajo otro aspecto. Una fuerza sobrenatural lo impulsó a separarse de sus compañeros, a quienes había tomado por personas educadas y como es debido. Y aun mucho más tarde, en los momentos de mayor regocijo, se le aparecía la figura de aquel diminuto empleado con la calva sobre la frente, y oía sus palabras insinuantes:

«¡Déjenme! ¿Por qué me ofenden?»

Y, simultáneamente con estas palabras, resonaban otras: «¡Soy tu hermano!». El pobre infeliz se tapaba la cara con las manos y, más de una vez, en el curso de su vida, se estremeció al ver cuánta inhumanidad hay en el hombre y cuánta dureza y grosería encubren los modales de una supuesta educación selecta y esmerada. Y, ¡Dios mío!, hasta en las personas que pasaban por nobles y honradas…

Difícilmente se encontraría un hombre que viviera cumpliendo tan celosamente con sus deberes… y, ¡es poco decir!, que trabajara con tanta afición y esmero. Allí, copiando documentos, se abría ante él un mundo más pintoresco y placentero. En su cara se reflejaba el gozo que experimentaba. Algunas letras eran sus favoritas, y cuando daba con ellas estaba como fuera de sí: sonreía, parpadeaba y se ayudaba con los labios, de manera que resultaba hasta posible leer en su rostro cada letra que trazaba su pluma.

Si le hubieran dado una recompensa a su celo, tal vez, con gran asombro por su parte, hubiera conseguido ser ya consejero de Estado. Pero, como decían sus compañeros bromistas, en vez de una condecoración de ojal, tenía hemorroides en los riñones. Por otra parte, no se puede afirmar que no se le hiciera ningún caso. En cierta ocasión, un director, hombre bondadoso, deseando recompensarlo por sus largos servicios, ordenó que le diesen un trabajo de mayor importancia que el suyo, que consistía en copiar simples documentos. Se le encargó que redactara, a base de un expediente, un informe que había de ser elevado a otro departamento. Su trabajo consistía solo en cambiar el título y sustituir el pronombre de primera persona por el de tercera. Esto le dio tanto trabajo que, todo sudoroso, no hacía más que pasarse la mano por la frente, hasta que por fin acabó por exclamar:

—No; será mejor que me dé a copiar algo, como hacía antes.

Y desde entonces lo dejaron para siempre de copista.

Fuera de estas copias, parecía que en el mundo no existía nada para él. Nunca pensaba en su traje. Su uniforme no era verde, sino que había adquirido un color de harina que tiraba a rojizo. Llevaba un cuello estrecho y bajo, y, a pesar de que tenía el cuello corto, este sobresalía mucho y parecía exageradamente largo, como el de los gatos de yeso que mueven la cabeza y que llevan colgando, por docenas, los artesanos.

Y siempre se le quedaba algo pegado al traje, bien un poco de heno o bien un hilo. Además, tenía la mala suerte, la desgracia, de que, al pasar siempre por debajo de las ventanas, lo hacía en el preciso momento en que arrojaban basuras a la calle. Y por eso, en todo momento, llevaba en el sombrero alguna cáscara de melón o de sandía o cosa parecida. Ni una sola vez en la vida prestó atención a lo que ocurría diariamente en las calles, cosa que no dejaba de advertir su colega, el joven funcionario, a quien, aguzando de modo especial su mirada penetrante y atrevida, no se le escapaba nada de cuanto pasara por la acera de enfrente, ora fuese alguna persona que llevase los pantalones de trabillas, pero un poco gastados, ora otra cosa cualquiera, todo lo cual hacía asomar siempre a su rostro una sonrisa maliciosa.

Pero Akakiy Akakievich, adondequiera que mirase, siempre veía los renglones regulares de su letra limpia y correcta. Y solo cuando se le ponía sobre el hombro el hocico de algún caballo, y este le soplaba en la mejilla con todo vigor, se daba cuenta de que no estaba en medio de una línea, sino en medio de la calle.

Al llegar a su casa se sentaba en seguida a la mesa, tomaba rápidamente la sopa de schi y después comía un pedazo de carne de vaca con cebollas, sin reparar en su sabor. Era capaz de comerlo con moscas y con todo aquello que Dios añadía por aquel entonces. Cuando notaba que el estómago empezaba a llenársele, se levantaba de la mesa, cogía un tintero pequeño y empezaba a copiar los papeles que había llevado a casa. Cuando no tenía trabajo, hacía alguna copia para él, por mero placer, sobre todo si se trataba de algún documento especial, no por la belleza del estilo, sino porque fuese dirigido a alguna persona nueva de relativa importancia.

Cuando el cielo gris de Petersburgo oscurece totalmente y toda la población de empleados se ha saciado cenando de acuerdo con sus sueldos y gustos particulares; cuando todo el mundo descansa, procurando olvidarse del rasgar de las plumas en las oficinas, de los vaivenes, de las ocupaciones propias y ajenas y de todas las molestias que se toman voluntariamente los hombres inquietos y, a menudo, sin necesidad; cuando los empleados gastan el resto del tiempo divirtiéndose unos, los más animados, asistiendo a algún teatro; otros, saliendo a la calle para observar ciertos sombreritos y las modas últimas; quiénes, acudiendo a alguna reunión en donde se prodiguen cumplidos a lindas muchachas o a alguna en especial, que se considera como estrella en este limitado círculo de empleados; y quiénes, los más numerosos, yendo simplemente a casa de un compañero, que vive en un cuarto o tercer piso compuesto de dos pequeñas habitaciones y un vestíbulo o cocina, con objetos modernos, que denotan casi siempre afectación, una lámpara o cualquier otra cosa adquirida a costa de muchos sacrificios, renunciamientos y privaciones a cenas o recreos. En una palabra: a la hora en que todos los empleados se dispersan por las pequeñas viviendas de sus amigos para jugar al whist y tomar algún que otro vaso de té con pan tostado de lo más barato y fumar una larga pipa, tragando grandes bocanadas de humo, y, mientras se distribuían las cartas, contar historias escandalosas del gran mundo, a lo que un ruso no puede renunciar nunca, sea cual sea su condición, y cuando no había nada que referir, repetir la vieja anécdota acerca del comandante a quien vinieron a decir que habían cortado la cola del caballo de la estatua de Pedro el Grande, de Falconet...; en suma, a la hora en que todos procuraban divertirse de alguna forma, Akakiy Akakievich no se entregaba a diversión alguna.

Nadie podía afirmar haberlo visto siquiera una sola vez en alguna reunión. Después de haber copiado a gusto, se iba a dormir, sonriendo y pensando de antemano en el día siguiente. ¿Qué le iba a traer Dios para copiar mañana?

Y así transcurría la vida de este hombre apacible, que, cobrando un sueldo de cuatrocientos rublos al año, sabía sentirse contento con su destino. Tal vez hubiera llegado a muy viejo, a no ser por las desgracias que sobrevienen en el curso de la vida, y esto no solo a los consejeros de Estado, sino también a los privados e incluso a aquellos que no dan consejos a nadie ni de nadie los aceptan.

Existe en Petersburgo un enemigo terrible de todos aquellos que no reciben más de cuatrocientos rublos anuales de sueldo. Este enemigo no es otro que nuestras heladas nórdicas, aunque, por lo demás, se dice que son muy sanas. Pasadas las ocho, la hora en que van a la oficina los diferentes empleados del Estado, el frío punzante e intenso ataca de tal forma las narices, sin elección de ninguna especie, que los pobres empleados no saben cómo resguardarse. A estas horas, cuando a los más altos dignatarios les duele la cabeza de frío y las lágrimas les saltan de los ojos, los pobres empleados, los consejeros titulares, se encuentran a veces indefensos. Su única salvación consiste en cruzar lo más rápidamente posible las cinco o seis calles, envueltos en sus ligeros abrigos, y luego detenerse en la conserjería, pateando enérgicamente, hasta que se deshielan todos los talentos y capacidades de oficinistas que se helaron en el camino.

Desde hacía algún tiempo, Akakiy Akakievich sentía un dolor fuerte y punzante en la espalda y en el hombro, a pesar de que procuraba medir lo más rápidamente posible la distancia habitual de su casa al departamento. Se le ocurrió al fin pensar si no tendría la culpa de ello su abrigo. Lo examinó minuciosamente en casa y comprobó que precisamente en la espalda y en los hombros la tela clareaba, pues el paño estaba tan gastado que podía verse a través de él. Y el forro se deshacía de tanto uso.

Conviene saber que el abrigo de Akakiy Akakievich también era blanco de las burlas de los funcionarios. Hasta le habían quitado el nombre noble de abrigo y lo llamaban bata. En efecto, este abrigo había ido tomando una forma muy curiosa; el cuello disminuía cada año más y más, porque servía para remendar el resto. Los remiendos no denotaban la mano hábil de un sastre, ni mucho menos, y ofrecían un aspecto tosco y antiestético. Viendo en qué estado se encontraba su abrigo, Akakiy Akakievich decidió llevarlo a Petrovich, un sastre que vivía en un cuarto piso interior, y que, a pesar de ser bizco y picado de viruelas, revelaba bastante habilidad en remendar pantalones y chaquetas de funcionarios y de otros caballeros, claro está, cuando se encontraba tranquilo y sereno y no tramaba en su cabeza alguna otra empresa.

Es verdad que no haría falta hablar de este sastre; mas, como es costumbre en cada narración esbozar fielmente el carácter de cada personaje, no queda otro remedio que presentar aquí a Petrovich.

Al principio, cuando aún era siervo y hacía de criado, se llamaba Gregorio a secas. Tomó el nombre de Petrovich al conseguir la libertad, y al mismo tiempo empezó a emborracharse los días de fiesta, al principio solamente los grandes, y luego continuó haciéndolo, indistintamente, en todas las fiestas de la iglesia, dondequiera que encontrase alguna cruz en el calendario. Por ese lado permanecía fiel a las costumbres de sus abuelos, y, riñendo con su mujer, la llamaba impía y alemana.

Ya que hemos mencionado a su mujer, convendría decir algunas palabras acerca de ella. Desgraciadamente, no se sabía nada de la misma, a no ser que era esposa de Petrovich y que se cubría la cabeza con un gorrito y no con un pañuelo. Al parecer, no podía enorgullecerse de su belleza; a lo sumo, algún que otro soldado de la guardia es muy posible que, si se cruzase con ella por la calle, le echase alguna mirada debajo del gorro, acompañada de un extraño movimiento de la boca y de los bigotes, con un curioso sonido inarticulado.

Subiendo la escalera que conducía al piso del sastre, que, por cierto, estaba empapada de agua sucia y de desperdicios, desprendiendo un olor a aguardiente que hacía daño al olfato y que, como es sabido, es una característica de todos los pisos interiores de las casas petersburguesas; subiendo la escalera, pues, Akakiy Akakievich reflexionaba sobre el precio que iba a cobrarle Petrovich y resolvió no darle más de dos rublos.

La puerta estaba abierta, porque la mujer de Petrovich, que en aquel preciso momento freía pescado, había hecho tal humareda en la cocina que ni siquiera se podían ver las cucarachas. Akakiy Akakievich atravesó la cocina sin ser visto por la mujer y llegó a la habitación, donde se encontraba Petrovich sentado en una ancha mesa de madera, con las piernas cruzadas, como un bajá, y descalzo, según costumbre de los sastres cuando están trabajando. Lo primero que llamaba la atención era el dedo grande, bien conocido de Akakiy Akakievich por la uña destrozada, pero fuerte y firme, como la concha de una tortuga. Llevaba al cuello una madeja de seda y de hilo y tenía sobre las rodillas una prenda de vestir destrozada. Desde hacía tres minutos hacía lo imposible por enhebrar una aguja, sin conseguirlo, y por eso echaba pestes contra la oscuridad y luego contra el hilo, murmurando entre dientes:

—¡Te vas a decidir a pasar, bribona! ¡Me estás haciendo perder la paciencia, granuja!

Akakiy Akakievich estaba disgustado por haber llegado en aquel preciso momento en que Petrovich se hallaba encolerizado. Prefería darle un encargo cuando el sastre estuviese algo menos batallador, más tranquilo, pues, como decía su esposa, ese demonio tuerto se apaciguaba con el aguardiente ingerido. En semejante estado, Petrovich solía mostrarse muy complaciente y rebajaba de buena gana; más aún, daba las gracias y hasta se inclinaba respetuosamente ante el cliente. Es verdad que luego venía la mujer llorando y decía que su marido estaba borracho y por eso había aceptado el trabajo a bajo precio. Entonces se le añadían diez kopeks más, y el asunto quedaba resuelto. Pero aquel día Petrovich parecía no estar borracho y por eso se mostraba terco, poco hablador y dispuesto a pedir precios exorbitantes.

Akakiy Akakievich se dio cuenta de todo esto y quiso, como quien dice, tomar las de Villadiego; pero ya no era posible. Petrovich clavó en él su ojo torcido y Akakiy Akakievich dijo sin querer:

—¡Buenos días, Petrovich!

—¡Muy buenos los tenga usted también! —respondió Petrovich, mirando de soslayo las manos de Akakiy Akakievich para ver qué clase de botín traía este.

—Vengo a verte, Petrovich, pues yo…

Conviene saber que Akakiy Akakievich se expresaba siempre por medio de preposiciones, adverbios y partículas gramaticales que no tienen ningún significado. Si el asunto en cuestión era muy delicado, tenía la costumbre de no terminar la frase, de modo que a menudo empezaba por las palabras: «Es verdad, justamente eso…», y después no seguía nada y él mismo se olvidaba, pensando que lo había dicho todo.

—¿Qué quiere, pues? —le preguntó Petrovich, inspeccionando en aquel instante con su único ojo todo el uniforme, el cuello, las mangas, la espalda, los faldones y los ojales, que conocía muy bien, ya que era su propio trabajo.

Esta es la costumbre de todos los sastres y es lo primero que hizo Petrovich.

—Verás, Petrovich… yo quisiera que… este abrigo… mira el paño… ¿ves?, por todas partes está fuerte…, solo que está un poco cubierto de polvo, parece gastado; pero, en realidad, está nuevo, solo una parte está un tanto… un poquito en la espalda y también algo gastado en el hombro y un poco en el otro hombro… Mira, eso es todo… No es mucho trabajo…

Petrovich tomó el abrigo, lo extendió sobre la mesa y lo examinó detenidamente. Después negó con la cabeza y extendió la mano hacia la ventana para coger su tabaquera redonda, con el retrato de un general, cuyo nombre no se podía precisar, puesto que la parte donde antes se viera la cara estaba perforada por el dedo y tapada ahora con un pedazo rectangular de papel. Después de tomar una pulgada de rapé, Petrovich puso el abrigo al trasluz y volvió a negar con la cabeza. Luego lo puso al revés, con el forro hacia afuera, y de nuevo negó con la cabeza; volvió a levantar la tapa de la tabaquera adornada con el retrato del general y arreglada con aquel pedazo de papel, e, introduciéndose el rapé en la nariz, cerró la tabaquera y se la guardó, diciendo por fin:

—Aquí no se puede arreglar nada. Es una prenda gastada.

Al oír estas palabras, el corazón se le oprimió al pobre Akakiy Akakievich.

—¿Por qué no es posible, Petrovich? —preguntó con voz suplicante de niño—. Solo esto de los hombros está estropeado y tú tendrás seguramente algún pedazo…

—Sí, en cuanto a los pedazos, se podrían encontrar —dijo Petrovich—; solo que no se pueden poner, pues el paño está completamente podrido y se deshará en cuanto se toque con la aguja.

—Pues que se deshaga; tú no tienes más que ponerle un remiendo.

—No puedo poner el remiendo en ningún sitio; no hay dónde fijarlo. Además, sería un remiendo demasiado grande. Esto ya no es paño; un golpe de viento basta para arrancarlo.

—Bueno, pues refuérzalo… como no… efectivamente, eso es…

—No —dijo Petrovich con firmeza—; no se puede hacer nada. Es un asunto muy malo. Será mejor que se haga con él unas onuchkas para cuando llegue el invierno y empiece a hacer frío, porque las medias no abrigan nada, no son más que un invento de los alemanes para hacer dinero —Petrovich aprovechaba gustoso la ocasión para meterse con los alemanes—. En cuanto al abrigo, tendrá que hacerse otro nuevo.

Al oír la palabra *nuevo*, Akakiy Akakievich sintió que se le nublaba la vista y le pareció que todo lo que había en la habitación empezaba a dar vueltas. Lo único que pudo ver claramente era el semblante del general tapado con el papel en la tabaquera de Petrovich.

—¡Cómo uno nuevo! —murmuró como en sueño—. Si no tengo dinero para ello.

—Sí, uno nuevo —repitió Petrovich con brutal tranquilidad.

—…Y, de ser nuevo… ¿cuánto sería…?

—¿Que cuánto costaría?

—Sí.

—Pues unos ciento cincuenta rublos —contestó Petrovich, y al decir esto apretó los labios.

Era muy amigo de los efectos fuertes y le gustaba dejar pasmado al cliente y luego mirar de soslayo para ver qué cara de susto ponía al oír tales palabras.

—¡Ciento cincuenta rublos por el abrigo! —exclamó el pobre Akakiy Akakievich.

Quizá por primera vez se le escapaba semejante grito, ya que siempre se distinguía por su voz muy suave.

—Sí —dijo Petrovich—. Y además, ¡qué abrigo! Si se le pone un cuello de marta y se le forra el capuchón con seda, entonces vendrá a costar hasta doscientos rublos.

—¡Por Dios, Petrovich! —le dijo Akakiy Akakievich con voz suplicante, sin escuchar, es decir, esforzándose en no prestar atención a todas sus palabras y efectos—. Arréglalo como sea para que sirva todavía algún tiempo.

—¡No! Eso sería tirar el trabajo y el dinero… —repuso Petrovich.

Y, tras aquellas palabras, Akakiy Akakievich quedó completamente abatido y se marchó. Mientras tanto, Petrovich permaneció aún largo rato en pie, con los labios expresivamente apretados, sin comenzar su trabajo, satisfecho de haber sabido mantener su propia dignidad y de no haber faltado a su oficio.

Cuando Akakiy Akakievich salió a la calle, se hallaba como en un sueño.

«¡Qué cosa! —decía para sí—. Jamás hubiera pensado que iba a terminar así… ¡Vaya! —exclamó después de varios minutos de silencio—. ¡He aquí al extremo que hemos llegado! La verdad es que yo nunca podía suponer que llegara a esto…»

Y, después de otro largo silencio, terminó diciendo:

«¡Pues así es! ¡Esto sí que es inesperado!… ¡Qué situación!…»

Dicho esto, en vez de volver a su casa, se fue, sin darse cuenta, en dirección contraria. En el camino tropezó con un deshollinador, que, rozándole el hombro, se lo manchó de negro; del techo de una casa en construcción le cayó una respetable cantidad de cal; pero él no se daba cuenta de nada. Solo cuando se dio de cara con un guardia, que, habiendo colocado la alabarda junto a él, echaba rapé de la tabaquera en su palma callosa, se dio cuenta, porque el guardia le gritó:

—¿Por qué te metes debajo de mis narices? ¿Acaso no tienes la acera?

Esto le hizo mirar en torno suyo y volver a casa. Solamente entonces empezó a reconcentrar sus pensamientos, y vio claramente la situación en que se hallaba y comenzó a monologar consigo mismo, no en forma incoherente, sino con lógica y franqueza, como si hablase con un amigo inteligente a quien se puede confiar lo más íntimo de su corazón.

—No —decía Akakiy Akakievich—, ahora no se puede hablar con Petrovich, pues está algo… su mujer debe de haberle proporcionado una buena paliza. Será mejor que vaya a verlo un domingo por la mañana; después de la noche del sábado estará medio dormido, bizqueando, y deseará beber para reanimarse algo, y, como su mujer no le habrá dado dinero, yo le daré una moneda de diez kopeks y él se volverá más tratable y arreglará el abrigo…

Y esta fue la resolución que tomó Akakiy Akakievich. Y, procurando animarse, esperó hasta el domingo. Cuando vio salir a la mujer de Petrovich, fue directamente a su casa. En efecto, Petrovich, después de la borrachera de la víspera, estaba más bizco que nunca, tenía la cabeza inclinada y estaba medio dormido; pero, con todo eso, en cuanto se enteró de lo que se trataba, exclamó como si lo impulsara el propio demonio:

—¡No puede ser! ¡Haga el favor de mandarme hacer otro abrigo!

Y entonces fue cuando Akakiy Akakievich le metió en la mano la moneda de diez kopeks.

—Gracias, señor, ahora podré reanimarme un poco bebiendo a su salud —dijo Petrovich—. En cuanto al abrigo, no debe pensar más en él, no sirve para nada. Yo le haré uno estupendo… se lo garantizo.

Akakiy Akakievich volvió a insistir sobre el arreglo; pero Petrovich no lo quiso escuchar.

—Le haré uno nuevo, magnífico… Puede contar conmigo; lo haré lo mejor que pueda. Incluso podrá abrochar el cuello con corchetes de plata, según la última moda.

Solo entonces vio Akakiy Akakievich que no podía pasarse sin un nuevo abrigo y perdió el ánimo por completo.

Pero ¿cómo y con qué dinero iba a hacérselo? Claro, podía contar con un aguinaldo que le darían en las próximas fiestas. Pero este dinero lo había distribuido ya desde hace tiempo con un fin determinado. Era preciso encargar unos pantalones nuevos y pagar al zapatero una vieja deuda por las nuevas punteras en un par de botas viejas, y, además, necesitaba encargarse tres camisas y dos prendas de ropa de esas que se considera poco decoroso nombrarlas por su propio nombre. Todo el dinero estaba distribuido de antemano, y, aunque el director se mostrara magnánimo y concediese un aguinaldo de cuarenta y cinco a cincuenta rublos, sería solo una pequeñez en comparación con el capital necesario para el abrigo: era una gota de agua en el océano.

Aunque, claro, sabía que a Petrovich le daba a veces no sé qué locura y entonces pedía precios tan exorbitantes que incluso su mujer no podía contenerse y exclamaba:

—¡Te has vuelto loco, grandísimo tonto! Unas veces trabajas casi gratis y ahora tienes la desfachatez de pedir un precio que tú mismo no vales.

Por otra parte, Akakiy Akakievich sabía que Petrovich consentiría en hacerle el abrigo por ochenta rublos. Pero, de todas maneras, ¿dónde hallar esos ochenta rublos? La mitad quizá podría conseguirla, y tal vez un poco más. Pero ¿y la otra mitad?…

Pero antes el lector ha de enterarse de dónde provenía la primera mitad. Akakiy Akakievich tenía la costumbre de echar un kopek, siempre que gastaba un rublo, en un pequeño cajón, cerrándolo con llave, cajón que tenía una ranura ancha para hacer pasar el dinero. Al cabo de cada medio año hacía el recuento de esta pequeña cantidad de monedas de cobre y las cambiaba por otras de plata. Practicaba este sistema desde hacía mucho tiempo y, de esta manera, al cabo de unos años, ahorró una suma superior a cuarenta rublos. Así, pues, tenía en su poder la mitad, pero ¿y la otra mitad? ¿Dónde conseguir los cuarenta rublos restantes?

Akakiy Akakievich pensaba, pensaba, y finalmente llegó a la conclusión de que era preciso reducir los gastos ordinarios por lo menos durante un año, o sea, dejar de tomar té todas las noches, no encender la vela por la noche, y, si tenía que copiar algo, ir a la habitación de la patrona para trabajar a la luz de su vela. También sería preciso, al andar por la calle, pisar lo más suavemente posible las piedras y baldosas e incluso hasta ir casi de puntillas para no gastar demasiado rápidamente las suelas, dar a lavar la ropa a la lavandera también lo menos posible, y, para que no se gastara, quitársela al volver a casa y ponerse solo la bata, que estaba muy vieja, pero que, afortunadamente, no había sido demasiado maltratada por el tiempo.

Hemos de confesar que al principio le costó bastante adaptarse a estas privaciones, pero después se acostumbró y todo fue muy bien. Incluso hasta llegó a dejar de cenar; pero, en cambio, se alimentaba espiritualmente con la eterna idea de su futuro abrigo. Desde aquel momento diríase que su vida había cobrado mayor plenitud; como si se hubiera casado o como si otro ser estuviera siempre en su presencia, como si ya no fuera solo, sino que una querida compañera hubiera accedido gustosa a caminar con él por el sendero de la vida. Y esta compañera no era otra sino… el famoso abrigo, guateado con un forro fuerte e intacto.

Se volvió más animado y de carácter más enérgico, como un hombre que se ha propuesto un fin determinado. La duda e irresolución desaparecieron de la expresión de su rostro, y en sus acciones también todos aquellos rasgos de vacilación e indecisión. Hasta a veces en sus ojos brillaba algo así como una llama, y los pensamientos más audaces y temerarios surgían en su mente: «¿Y si se encargase un cuello de marta?». Con estas reflexiones por poco se vuelve distraído. Una vez estuvo a punto de hacer una falta, de modo que exclamó: «¡Ay!», y se persignó.

Por lo menos una vez al mes iba a casa de Petrovich para hablar del abrigo y consultarle sobre dónde sería mejor comprar el paño, y de qué color y de qué precio, y siempre volvía a casa algo preocupado, pero contento al pensar que al fin iba a llegar el día en que, después de comprado todo, el abrigo estaría listo.

El asunto fue más de prisa de lo que había esperado y supuesto. Contra toda suposición, el director le dio un aguinaldo, no de cuarenta o cuarenta y ocho rublos, sino de sesenta rublos. Quizá presintió que Akakiy Akakievich necesitaba un abrigo o quizá fue solamente por casualidad; el caso es que Akakiy Akakievich se enriqueció de repente con veinte rublos más. Esta circunstancia aceleró el asunto. Después de otros dos o tres meses de pequeños ayunos, consiguió reunir los ochenta rublos. Su corazón, por lo general tan apacible, empezó a latir precipitadamente. Y ese mismo día fue a las tiendas en compañía de Petrovich.

Compraron un paño muy bueno —¡y no es de extrañar!—; desde hacía más de seis meses pensaban en ello y no dejaban pasar un mes sin ir a las tiendas para cerciorarse de los precios. Y así es que el mismo Petrovich no dejó de reconocer que era un paño inmejorable. Eligieron un forro de calidad tan resistente y fuerte, que, según Petrovich, era mejor que la seda y la aventajaba en elegancia y brillo. No compraron marta porque, en efecto, era muy cara; pero, en cambio, escogieron la más hermosa piel de gato que había en toda la tienda y que, de lejos, fácilmente se podía tomar por marta.

Petrovich tardó unas dos semanas en hacer el abrigo, pues era preciso pespuntear mucho; a no ser por eso, lo hubiera terminado antes. Por su trabajo cobró doce rublos; menos ya no podía ser. Todo estaba cosido con seda y a dobles costuras, que el sastre repasaba con sus propios dientes, estampando en ellas variados arabescos.

Por fin, Petrovich le trajo el abrigo. Esto sucedió… es difícil precisar el día; pero de seguro que fue el más solemne en la vida de Akakiy Akakievich. Se lo trajo por la mañana, precisamente un poco antes de irse él a la oficina. No habría podido llegar en un momento más oportuno, pues ya el frío empezaba a dejarse sentir con intensidad y amenazaba con volverse aún más punzante. Petrovich apareció con el abrigo como conviene a todo buen sastre. Su cara reflejaba una expresión de dignidad que Akakiy Akakievich jamás le había visto. Parecía estar plenamente convencido de haber realizado una gran obra y se le había revelado con toda claridad el abismo de diferencia que existe entre los sastres que solo hacen arreglos y ponen forros y aquellos que confeccionan prendas nuevas de vestir.

Sacó el abrigo, que traía envuelto en un pañuelo recién planchado; solo después volvió a doblarlo y se lo guardó en el bolsillo para su uso particular. Una vez descubierto el abrigo, lo examinó con orgullo y, cogiéndolo con ambas manos, lo echó con suma habilidad sobre los hombros de Akakiy Akakievich. Luego lo arregló, estirándolo un poco hacia abajo. Se lo ajustó perfectamente, pero sin abrocharlo. Akakiy Akakievich, como hombre de edad madura, quiso también probar las mangas. Petrovich le ayudó a hacerlo, y he aquí que aun así el abrigo le sentaba estupendamente. En una palabra: estaba hecho a la perfección. Petrovich aprovechó la ocasión para decirle que si se lo había hecho a tan bajo precio era solo porque vivía en un piso pequeño, sin placa, en una calle lateral y porque conocía a Akakiy Akakievich desde hacía tantos años. Un sastre de la perspectiva Nevski solo por el trabajo le habría cobrado setenta y cinco rublos. Akakiy Akakievich no tenía ganas de tratar de ello con Petrovich, temeroso de las sumas fabulosas de las que el sastre solía hacer alarde. Le pagó, le dio las gracias y salió con su nuevo abrigo camino de la oficina.

Petrovich salió detrás de él y, parándose en plena calle, le siguió largo rato con la mirada, absorto en la contemplación del abrigo. Después, a propósito, pasó corriendo por una callejuela tortuosa y vino a dar a la misma calle para mirar otra vez el abrigo del otro lado, es decir, cara a cara. Mientras tanto, Akakiy Akakievich seguía caminando con aire de fiesta. A cada momento sentía que llevaba un abrigo nuevo en los hombros y hasta llegó a sonreírse varias veces de íntima satisfacción. En efecto, tenía dos ventajas: primero, porque el abrigo abrigaba mucho, y segundo, porque era elegante. El camino se le hizo cortísimo; ni siquiera se fijó en él y de repente se encontró en la oficina. Dejó el abrigo en la conserjería y volvió a mirarlo por todos los lados, rogando al conserje que tuviera especial cuidado con él.

No se sabe cómo, pero al momento, en la oficina, todos se enteraron de que Akakiy Akakievich tenía un abrigo nuevo y que el famoso batín había dejado de existir. En el acto todos salieron a la conserjería para ver el nuevo abrigo de Akakiy Akakievich. Empezaron a felicitarlo cordialmente, de tal modo que no pudo por menos de sonreírse; pero luego acabó por sentirse algo avergonzado. Cuando todos se acercaron a él diciendo que tenía que celebrar el estreno del abrigo por medio de un remojón y que, por lo menos, debía darles una fiesta, el pobre Akakiy Akakievich se turbó por completo y no supo qué responder ni cómo defenderse. Solo pasados unos minutos, y poniéndose todo colorado, intentó asegurarles, en su simplicidad, que no era un abrigo nuevo, sino uno viejo.

Por fin, uno de los funcionarios, ayudante del jefe de oficina, queriendo demostrar sin duda alguna que no era orgulloso y sabía tratar con sus inferiores, dijo:

—Está bien, señores; yo daré la fiesta en lugar de Akakiy Akakievich y les convido a tomar el té esta noche en mi casa. Precisamente hoy es mi cumpleaños.

Los funcionarios, como hay que suponer, felicitaron al ayudante del jefe de oficina y aceptaron muy gustosos la invitación. Akakiy Akakievich quiso disculparse, pero todos lo interrumpieron diciendo que era una descortesía, que debería darle vergüenza y que no podía de ninguna manera rehusar la invitación.

Aparte de eso, Akakiy Akakievich después se alegró al pensar que de este modo tendría ocasión de lucir su nuevo abrigo también por la noche.

Se puede decir que todo aquel día fue para él una fiesta grande y solemne.

Volvió a casa en un estado de ánimo de lo más feliz, se quitó el abrigo y lo colgó cuidadosamente en una percha que había en la pared, deleitándose una vez más al contemplar el paño y el forro, y, a propósito, fue a buscar el viejo abrigo, que estaba a punto de deshacerse, para compararlo. Lo miró y hasta se echó a reír. Y aun después, mientras comía, no pudo por menos de sonreírse al pensar en el estado en que se hallaba el abrigo. Comió alegremente y luego, contrariamente a lo acostumbrado, no copió ningún documento. Por el contrario, se tendió en la cama, cual verdadero sibarita, hasta el oscurecer. Después, sin más demora, se vistió, se puso el abrigo y salió a la calle.

Desgraciadamente, no pudo recordar de momento dónde vivía el funcionario anfitrión; la memoria empezó a flaquearle, y todo cuanto había en Petersburgo, sus calles y sus casas, se mezclaron de tal suerte en su cabeza que resultaba difícil sacar de aquel caos algo más o menos ordenado. Sea como fuere, lo seguro es que el funcionario vivía en la parte más elegante de la ciudad, o sea, lejos de la casa de Akakiy Akakievich. Al principio tuvo que caminar por calles solitarias, escasamente alumbradas; pero, a medida que iba acercándose a la casa del funcionario, las calles se veían más animadas y mejor alumbradas. Los transeúntes se hicieron más numerosos y también las señoras estaban ataviadas elegantemente. Los hombres llevaban cuellos de castor y ya no se veían tanto los veñkas con sus trineos de madera con rejas guarnecidas de clavos dorados; en cambio, pasaban con frecuencia elegantes trineos barnizados, provistos de pieles de oso y conducidos por cocheros tocados con gorras de terciopelo color frambuesa, o se veían deslizarse, chirriando sobre la nieve, carrozas con los pescantes sumamente adornados.

Para Akakiy Akakievich todo esto resultaba completamente nuevo; hacía varios años que no había salido de noche por la calle.

Todo curioso, se detuvo delante del escaparate de una tienda, ante un cuadro que representaba a una hermosa mujer que se estaba quitando el zapato, por lo que lucía una pierna escultural; a su espalda, un hombre con patillas y perilla, al estilo español, asomaba la cabeza por la puerta. Akakiy Akakievich movió la cabeza, sonriéndose, y prosiguió su camino. ¿Por qué sonreiría? Tal vez porque se encontraba con algo totalmente desconocido, para lo que, sin embargo, muy bien pudiéramos asegurar que cada uno de nosotros posee un sexto sentido. Quizá también pensara lo que la mayoría de los funcionarios habrían pensado decir: «¡Ah, estos franceses! ¡No hay otra cosa que decir! Cuando se proponen una cosa, así ha de ser…». También puede ser que ni siquiera pensara esto, pues es imposible penetrar en el alma de un hombre y averiguar todo cuanto piensa.

Por fin, llegó a la casa donde vivía el ayudante del jefe de oficina. Este llevaba un gran tren de vida; en la escalera había un farol encendido, y él ocupaba un cuarto en el segundo piso. Al entrar en el recibimiento, Akakiy Akakievich vio en el suelo toda una fila de chanclos. En medio de ellos, en el centro de la habitación, hervía a borbotones el agua de un samovar, esparciendo columnas de vapor. En las paredes colgaban abrigos y capas, muchas de las cuales tenían cuellos de castor y vueltas de terciopelo. En la habitación contigua se oían voces confusas, que de repente se tornaron claras y sonoras al abrirse la puerta para dar paso a un lacayo que llevaba una bandeja con vasos vacíos, un tarro de nata y una cesta de bizcochos. Por lo visto, los funcionarios debían de estar reunidos desde hacía mucho tiempo y ya habían tomado el primer vaso de té. Akakiy Akakievich colgó él mismo su abrigo y entró en la habitación. Ante sus ojos desfilaron al mismo tiempo las velas, los funcionarios, las pipas y mesas de juego, mientras que el rumor de las conversaciones que se oían por doquier y el ruido de las sillas sorprendían sus oídos.

Se detuvo en el centro de la habitación, todo confuso, reflexionando sobre lo que tenía que hacer. Pero ya lo habían visto sus colegas; lo saludaron con calurosas exclamaciones y todos fueron en el acto al recibimiento para admirar nuevamente su abrigo. Akakiy Akakievich se quedó un tanto desconcertado; pero, como era una persona sincera y leal, no pudo por menos de alegrarse al ver cómo todos ensalzaban su abrigo.

Después, como hay que suponer, lo dejaron a él y al abrigo y volvieron a las mesas de whist. Todo ello, el ruido, las conversaciones y la muchedumbre, le pareció un milagro. No sabía cómo comportarse ni qué hacer con sus manos, pies y toda su figura; por fin, acabó sentándose junto a los que jugaban: miraba tan pronto las cartas como los rostros de los presentes; pero al poco rato empezó a bostezar y a aburrirse, tanto más cuanto que había pasado la hora en la que acostumbraba acostarse.

Intentó despedirse del dueño de la casa, pero no lo dejaron marcharse, alegando que tenía que beber una copa de champaña para celebrar el estreno del abrigo. Una hora después servían la cena: ensaladilla, ternera asada fría, empanadas, pasteles y champaña. A Akakiy Akakievich le hicieron tomar dos copas, con lo cual todo cuanto había en la habitación se le apareció bajo un aspecto mucho más risueño. Sin embargo, no consiguió olvidar que era medianoche pasada y que era hora de volver a casa. Al fin, y para que al dueño de la casa no se le ocurriera retenerlo otro rato, salió de la habitación sin ser visto y buscó su abrigo en el recibimiento, encontrándolo, con gran dolor, tirado en el suelo. Lo sacudió, le quitó las pelusas, se lo puso y, por último, bajó las escaleras.

Las calles estaban todavía alumbradas. Algunas tiendas de comestibles, eternos clubs de las servidumbres y otra gente, estaban aún abiertas; las demás estaban ya cerradas, pero la luz que se filtraba por entre las rendijas atestiguaba claramente que los parroquianos aún permanecían allí. Eran estos sirvientes y criados que seguían con sus chismorreos, dejando a sus amos en la absoluta ignorancia de dónde se encontraban.

Akakiy Akakievich caminaba en un estado de ánimo de lo más alegre. Hasta corrió, sin saber por qué, detrás de una dama que pasó con la velocidad de un rayo, moviendo todas las partes del cuerpo. Pero se detuvo en el acto y prosiguió su camino lentamente, admirándose él mismo de aquel arranque tan inesperado que había tenido.

Pronto se extendieron ante él las calles desiertas, siendo notables de día por lo poco animadas y cuanto más de noche. Ahora parecían todavía mucho más silenciosas y solitarias. Escaseaban los faroles, ya que, por lo visto, se destinaba poco aceite para el alumbrado; a lo largo de la calle, en que se veían casas de madera y verjas, no había un alma. Tan solo la nieve centelleaba tristemente en las calles, y las cabañas bajas, con sus postigos cerrados, parecían destacarse aún más sombrías y negras. Akakiy Akakievich se acercaba a un punto donde la calle desembocaba en una plaza muy grande, en la que apenas se podían ver las cosas del otro extremo y daba la sensación de un inmenso y desolado desierto.

A lo lejos, Dios sabe dónde, se vislumbraba la luz de una garita que parecía hallarse al fin del mundo. Al llegar allí, la alegría de Akakiy Akakievich se desvaneció por completo. Entró en la plaza no sin temor, como si presintiera algún peligro. Miró hacia atrás y en torno suyo: diríase que alrededor se extendía un inmenso océano. «¡No! ¡Será mejor que no mire!», pensó para sí, y siguió caminando con los ojos cerrados. Cuando los abrió para ver cuánto le quedaba aún para llegar al extremo opuesto de la plaza, se encontró casi ante sus propias narices con unos hombres bigotudos, pero no tuvo tiempo de averiguar más acerca de aquellas gentes. Se le nublaron los ojos y el corazón empezó a latirle precipitadamente.

—¡Pero si este abrigo es mío! —dijo uno de ellos con voz de trueno, cogiéndolo por el cuello.

Akakiy Akakievich quiso gritar pidiendo auxilio, pero el otro le tapó la boca con el pañuelo, que era del tamaño de la cabeza de un empleado, diciéndole:

—¡Ay de ti si gritas!

Akakiy Akakievich solo se dio cuenta de cómo le quitaban el abrigo y le daban un golpe con la rodilla que le hizo caer de espaldas en la nieve, en donde quedó tendido sin sentido.

Al poco rato volvió en sí y se levantó, pero ya no había nadie. Sintió que hacía mucho frío y que le faltaba el abrigo. Empezó a gritar, pero su voz no parecía llegar hasta el extremo de la plaza. Desesperado, sin dejar de gritar, echó a correr a través de la plaza directamente a la garita, junto a la cual había un guarda, que, apoyado en la alabarda, miraba con curiosidad, tratando de averiguar qué clase de hombre se le acercaba dando gritos.

Al llegar cerca de él, Akakiy Akakievich le gritó, todo jadeante, que no hacía más que dormir y que no vigilaba, ni se daba cuenta de cómo robaban a la gente. El guarda le contestó que él no había visto nada: solo había observado cómo dos individuos lo habían parado en medio de la plaza, pero creyó que eran amigos suyos. Añadió que haría mejor, en vez de enfurecerse en vano, en ir a ver a la mañana siguiente al inspector de policía, y que este averiguaría sin duda alguna quién le había robado el abrigo.

Akakiy Akakievich volvió a casa en un estado terrible. Los cabellos que aún le quedaban en pequeña cantidad sobre las sienes y la nuca estaban completamente desordenados. Tenía uno de los costados, el pecho y los pantalones cubiertos de nieve. Su vieja patrona, al oír cómo alguien golpeaba fuertemente en la puerta, saltó fuera de la cama, calzándose solo una zapatilla, y fue corriendo a abrir la puerta, cubriéndose pudorosamente con una mano el pecho, sobre el cual no llevaba más que una camisa. Pero al ver a Akakiy Akakievich retrocedió de espanto. Cuando él le contó lo que le había sucedido, ella alzó los brazos al cielo y dijo que debía dirigirse directamente al comisario del distrito y no al inspector, porque este no hacía más que prometerle muchas cosas y dar largas al asunto. Lo mejor era ir al momento al comisario del distrito, a quien ella conocía, porque Ana, la finlandesa que tuvo antes de cocinera, servía ahora de niñera en su casa, y que ella misma lo veía a menudo, cuando pasaba delante de la casa. Además, todos los domingos, en la iglesia, pudo observar que rezaba y al mismo tiempo miraba alegremente a todos, y todo en él denotaba que era un hombre de bien.

Después de oír semejante consejo, se fue, todo triste, a su habitación. Cómo pasó la noche… solo se lo imaginarían quienes tengan la capacidad suficiente de ponerse en la situación de otro.

A la mañana siguiente, muy temprano, fue a ver al comisario del distrito, pero le dijeron que aún dormía. Volvió a las diez y aún seguía durmiendo. Fue a las once, pero el comisario había salido. Se presentó a la hora de la comida, pero los escribientes que estaban en la antesala no quisieron dejarlo pasar e insistieron en saber qué deseaba, por qué venía y qué había sucedido. De modo que, en vista de los entorpecimientos, Akakiy Akakievich quiso, por primera vez en su vida, mostrarse enérgico, y dijo, en tono que no admitía réplicas, que tenía que hablar personalmente con el comisario, que venía del Departamento del Ministerio para un asunto oficial y que, por tanto, debían dejarlo pasar, y, si no lo hacían, se quejaría de ello y les saldría cara la cosa. Los escribientes no se atrevieron a replicar y uno de ellos fue a anunciarlo ante el comisario.

Este interpretó de un modo muy extraño el relato sobre el robo del abrigo. En vez de interesarse por el punto esencial, empezó a preguntar a Akakiy Akakievich por qué volvía a casa a tan altas horas de la noche y si no habría estado en una casa sospechosa. De tal suerte, que el pobre Akakiy Akakievich se quedó todo confuso. Se fue sin saber si el asunto estaba bien encomendado. En todo el día no fue a la oficina (hecho sin precedente en su vida). Al día siguiente se presentó todo pálido y vestido con su viejo abrigo, que tenía el aspecto aún más lamentable. El relato del robo del abrigo —aparte de que no faltaron algunos funcionarios que aprovecharon la ocasión para burlarse— conmovió a muchos. Decidieron en seguida abrir una suscripción en beneficio suyo, pero el resultado fue muy exiguo, debido a que los funcionarios habían tenido que gastar mucho dinero en la suscripción para el retrato del director y para un libro que compraron a indicación del jefe de sección, que era amigo del autor. Así, pues, solo consiguieron reunir una suma insignificante. Uno de ellos, movido por la compasión y deseos de darle por lo menos un buen consejo, le dijo que no se dirigiera al comisario, pues, suponiendo aún que deseara granjearse las simpatías de su superior y encontrar el abrigo, este permanecería en manos de la policía hasta que lograse probar que era su legítimo propietario. Lo mejor sería, pues, que se dirigiera a una «alta personalidad», cuya mediación podría dar un rumbo favorable al asunto. Como no quedaba otro remedio, Akakiy Akakievich se decidió a acudir a la «alta personalidad».

¿Quién era aquella «alta personalidad» y qué cargo desempeñaba? Eso es lo que nadie sabría decir. Conviene saber que dicha «alta personalidad» había llegado a ser tan solo esto desde hacía algún tiempo, por lo que hasta entonces era por completo desconocido. Además, su posición tampoco ahora se consideraba como muy importante en comparación con otras de mayor categoría. Pero siempre habrá personas que consideran como muy importante lo que los demás califican de insignificante. Además, recurriría a todos los medios para realzar su importancia. Decretó que los empleados subalternos lo esperasen en la escalera hasta que llegase él y que nadie se presentara directamente a él, sino que las cosas se realizaran con un orden de lo más riguroso. El registrador tenía que presentar la solicitud de audiencia al secretario del gobierno, quien a su vez la transmitía al consejero titular o a quien se encontrase de categoría superior. Y de esta forma llegaba el asunto a sus manos. Así, en nuestra santa Rusia, todo está contagiado de la manía de imitar y cada cual se afana en imitar a su superior. Hasta cuentan que cierto consejero titular, cuando lo ascendieron a director de una cancillería pequeña, en seguida se hizo separar su cuarto por medio de un tabique de lo que él llamaba «sala de reuniones». A la puerta de dicha sala colocó a unos conserjes con cuellos rojos y galones que siempre tenían la mano puesta sobre el picaporte para abrir la puerta a los visitantes, aunque en la «sala de reuniones» apenas cabía un escritorio de tamaño regular.

El modo de recibir y las costumbres de la «alta personalidad» eran majestuosos e imponentes, pero un tanto complicados. La base principal de su sistema era la severidad. «Severidad, severidad, y… severidad», solía decir, y, al repetir por tercera vez esta palabra, dirigía una mirada significativa a la persona con quien estaba hablando, aunque no hubiera ningún motivo para ello, pues los diez empleados que formaban todo el mecanismo gubernamental, ya sin eso, estaban constantemente atemorizados. Al verlo de lejos, interrumpían ya el trabajo y esperaban en actitud militar a que pasase el jefe. Su conversación con los subalternos era siempre severa y consistía solo en las siguientes frases: «¿Cómo se atreve? ¿Sabe usted con quién habla? ¿Se da usted cuenta? ¿Sabe a quién tiene delante?»

Por lo demás, en el fondo era un hombre bondadoso, servicial y se comportaba bien con sus compañeros, solo que el grado de general le había hecho perder la cabeza. Desde el día en que le ascendieron a general se hallaba todo confundido, andaba descarriado y no sabía cómo comportarse. Si trataba con personas de su misma categoría se mostraba muy correcto y formal, y en muchos aspectos hasta inteligente. Pero en cuanto asistía a alguna reunión donde el anfitrión era tan solo de un grado inferior al suyo, entonces parecía hallarse completamente descentrado. Permanecía callado y su situación era digna de compasión, tanto más cuanto él mismo se daba cuenta de que hubiera podido pasar el tiempo de una manera mucho más agradable. En sus ojos se leía a menudo el ardiente deseo de tomar parte en alguna conversación interesante o de juntarse a otro grupo, pero se retenía al pensar que aquello podía parecer excesivo por su parte o demasiado familiar, y que con ello rebajaría su dignidad. Y por eso permanecía eternamente solo, en la misma actitud silenciosa, emitiendo de cuando en cuando un sonido monótono, con lo cual llegó a pasar por un hombre de lo más aburrido.

Tal era la «alta personalidad» a quien acudió Akakiy Akakievich, y el momento que eligió para ello no podía ser más inoportuno para él; sin embargo, resultó muy oportuno para la «alta personalidad». Esta se hallaba en su gabinete, conversando muy alegremente con su antiguo amigo de la infancia, a quien no veía desde hacía muchos años, cuando le anunciaron que deseaba hablarle un tal Bachmachkin.

—¿Quién es? —preguntó bruscamente.

—Un empleado.

—¡Ah! ¡Que espere! Ahora no tengo tiempo —dijo la alta personalidad.

Es preciso decir que la alta personalidad mentía con descaro; tenía tiempo. Los dos amigos ya habían terminado de hablar sobre todos los temas posibles, y la conversación había quedado interrumpida ya más de una vez por largas pausas, durante las cuales se propinaban cariñosas palmaditas, diciendo:

—Así es, Iván Abramovich.

—En efecto, Esteban Varlamovich.

Sin embargo, cuando recibió el aviso de que tenía visita, mandó que esperase el funcionario, para demostrar a su amigo, que hacía mucho que estaba retirado y vivía en una casa de campo, cuánto tiempo hacía esperar a los empleados en la antesala. Por fin, después de haber hablado cuanto quisieron o, mejor dicho, de haber callado lo suficiente, acabaron de fumar sus cigarros cómodamente recostados en unos mullidos butacones, y entonces su excelencia pareció acordarse de repente de que alguien lo esperaba, y dijo al secretario, que se hallaba en pie, junto a la puerta, con unos papeles para su informe:

—Creo que me está esperando un empleado. Dígale que puede pasar.

Al ver el aspecto humilde y el viejo uniforme de Akakiy Akakievich, se volvió hacia él con brusquedad y le dijo:

—¿Qué desea?

Pero todo esto con voz áspera y dura, que sin duda alguna había ensayado delante del espejo, a solas en su habitación, una semana antes de que lo nombraran para el nuevo cargo.

Akakiy Akakievich, que ya de antemano se sentía todo tímido, se azoró por completo. Sin embargo, trató de explicar como pudo o, mejor dicho, con toda la fluidez de que era capaz su lengua, que tenía un abrigo nuevo y que se lo habían robado de un modo inhumano, añadiendo, claro está, más particularidades y más palabras innecesarias. Rogaba a su excelencia que intercediera por escrito… o así… como quisiera… con el jefe de la policía u otra persona para que buscasen el abrigo y se lo restituyesen. Al general le pareció, sin embargo, que aquel era un procedimiento demasiado familiar, y por eso dijo bruscamente:

—Pero, ¡señor!, ¿no conoce usted el reglamento? ¿Cómo es que se presenta así? ¿Acaso ignora cómo se procede en estos asuntos? Primero debería usted haber hecho una instancia en la cancillería, que habría sido remitida al jefe del departamento, el cual la transmitiría al secretario y este me la hubiera presentado a mí.

—Pero, excelencia… —dijo Akakiy Akakievich recurriendo a la poca serenidad que aún quedaba en él y sintiendo que sudaba de una manera horrible—. Yo, excelencia, me he atrevido a molestarlo con este asunto porque los secretarios… los secretarios… son gente de poca confianza…

—¡Cómo! ¿Qué? ¿Qué dice usted? —exclamó la «alta personalidad»—. ¿Cómo se atreve a decir semejante cosa? ¿De dónde ha sacado usted esas ideas? ¡Qué audacia tienen los jóvenes con sus superiores y con las autoridades!

Era evidente que la «alta personalidad» no había reparado en que Akakiy Akakievich había pasado de los cincuenta años, de suerte que la palabra «joven» solo podía aplicársele relativamente, es decir, en comparación con un septuagenario.

—¿Sabe usted con quién habla? ¿Se da cuenta de quién tiene delante? ¿Se da usted cuenta, se da usted cuenta? ¡Le pregunto yo a usted!

Y dio una fuerte patada en el suelo y su voz se tornó tan cortante, que aun otro que no fuera Akakiy Akakievich se habría asustado también.

Akakiy Akakievich se quedó helado, se tambaleó, un estremecimiento le recorrió todo el cuerpo, y apenas se pudo tener en pie. De no ser porque un guardia acudió a sostenerlo, se hubiera desplomado. Lo sacaron fuera casi desmayado.

Pero aquella «alta personalidad», satisfecha del efecto que causaron sus palabras, y que habían superado en mucho sus esperanzas, no cabía en sí de contento al pensar que una palabra suya causaba tal impresión que podía hacer perder el sentido a uno. Miró de reojo a su amigo, para ver lo que opinaba de todo aquello, y pudo comprobar, no sin gran placer, que su amigo se hallaba en una situación indefinible, muy próxima al terror.

Cómo bajó las escaleras Akakiy Akakievich y cómo salió a la calle, esto son cosas que ni él mismo podía recordar, pues apenas sentía las manos y los pies. En su vida lo habían tratado con tanta grosería, y precisamente un general y además un extraño. Caminaba en medio de la nevasca que bramaba en las calles, con la boca abierta, haciendo caso omiso de las aceras. El viento, como de costumbre en San Petersburgo, soplaba sobre él de todos los lados, es decir, de los cuatro puntos cardinales y desde todas las callejuelas. En un instante se resfrió la garganta y contrajo una angina. Llegó a casa sin poder proferir ni una sola palabra: tenía el cuerpo todo hinchado y se metió en la cama. ¡Tal es el efecto que puede producir a veces una reprimenda!

Al día siguiente amaneció con una fiebre muy alta. Gracias a la generosa ayuda del clima petersburgués, el curso de la enfermedad fue más rápido de lo que hubiera podido esperarse, y cuando llegó el médico y le cogió el pulso, únicamente pudo prescribirle fomentos, solo con el fin de que el enfermo no muriera sin el benéfico auxilio de la medicina.

Y, sin más ni más, le declaró en el acto que le quedaban solo un día y medio de vida. Luego se volvió hacia la patrona, diciendo:

—Y usted, madrecita, no pierda el tiempo: encargue en seguida un ataúd de madera de pino, pues uno de roble sería demasiado caro para él.

Ignoramos si Akakiy Akakievich oyó estas palabras pronunciadas acerca de su muerte, y en el caso de que las oyera, si llegaron a conmoverlo profundamente y le hicieron quejarse de su destino, ya que todo el tiempo permanecía en el delirio de la fiebre.

Visiones extrañas, a cuál más curiosas, se le aparecían sin cesar. Veía a Petrovich y le encargaba que le hiciese un abrigo con alguna trampa para los ladrones, que siempre creía tener debajo de la cama, y a cada instante llamaba a la patrona y le suplicaba que sacara un ladrón que se había escondido debajo de la manta; luego preguntaba por qué el abrigo viejo estaba colgado delante de él, cuando tenía uno nuevo. Otras veces creía estar delante del general, escuchando sus insultos y diciendo: «Perdón, excelencia». Por último, se puso a maldecir y profería palabras tan terribles, que la vieja patrona se persignó, ya que jamás en la vida le había oído decir nada semejante; además, estas palabras siguieron inmediatamente al título de excelencia. Después solo murmuraba frases sin sentido, de manera que era imposible comprender nada. Solo se podía deducir realmente que aquellas palabras e ideas incoherentes se referían siempre a la misma cosa: el abrigo. Finalmente, el pobre Akakiy Akakievich exhaló el último suspiro.

Ni la habitación ni sus cosas fueron selladas, por la sencilla razón de que no tenía herederos y que solo dejaba un pequeño paquete con plumas de ganso, un cuaderno de papel blanco oficial, tres pares de calcetines, dos o tres botones desprendidos de un pantalón y el abrigo que ya conoce el lector. ¡Dios sabe para quién quedó todo esto!

Reconozco que el autor de esta narración no se interesó por el particular. Se llevaron a Akakiy Akakievich y lo enterraron; San Petersburgo se quedó sin él como si jamás hubiera existido.

Así desapareció un ser humano que nunca tuvo quién le amparara, a quien nadie había querido y que jamás interesó a nadie. Ni siquiera llamó la atención del naturalista, quien no desprecia poner en el alfiler una mosca común y examinarla en el microscopio. Fue un ser que sufrió con paciencia las burlas de sus colegas de oficina y que bajó a la tumba sin haber realizado ningún acto extraordinario; sin embargo, divisó, aunque solo fuera al fin de su vida, el espíritu de la luz en forma de abrigo, el cual reanimó por un momento su miserable existencia, y sobre quien cayó la desgracia, como también cae a veces sobre los privilegiados de la tierra…

Pocos días después de su muerte mandaron a un ordenanza de la oficina con orden de que Akakiy Akakievich se presentase inmediatamente, porque el jefe lo exigía. Pero el ordenanza tuvo que volver sin haber conseguido su propósito y declaró que Akakiy Akakievich ya no podía presentarse. Le preguntaron:

—¿Y por qué?

—¡Pues, porque no! Ha muerto; hace cuatro días que lo enterraron.

Y de este modo se enteraron en la oficina de la muerte de Akakiy Akakievich. Al día siguiente su sitio se hallaba ya ocupado por un nuevo empleado. Era mucho más alto y no trazaba las letras tan derechas al copiar los documentos, sino mucho más torcidas y contrahechas. Pero ¿quién iba a imaginarse que con ello termina la historia de Akakiy Akakievich, ya que estaba destinado a vivir ruidosamente aún muchos días después de muerto, como recompensa a su vida que pasó inadvertida? Y, sin embargo, así sucedió, y nuestro sencillo relato va a tener de repente un final fantástico e inesperado.

En San Petersburgo se esparció el rumor de que en el puente de Kalenik, y a poca distancia de él, se aparecía de noche un fantasma con figura de empleado que buscaba un abrigo robado y que, con tal pretexto, arrancaba a todos los hombres, sin distinción de rango ni profesión, sus abrigos, forrados con pieles de gato, de castor, de zorro, de oso, o simplemente guateados: en una palabra, todas las pieles auténticas o de imitación que el hombre ha inventado para protegerse.

Uno de los empleados del ministerio vio con sus propios ojos al fantasma y reconoció en él a Akakiy Akakievich. Se llevó un susto tal, que huyó a todo correr, y por eso no pudo observar bien al espectro. Solo vio que aquel lo amenazaba desde lejos con el dedo. En todas partes había quejas de que las espaldas y los hombros de los consejeros, y no solo de consejeros titulares, sino también de los áulicos, quedaban expuestos a fuertes resfriados al ser despojados de sus abrigos.

Se comprende que la policía tomara sus medidas para capturar de la forma que fuese al fantasma, vivo o muerto, y castigarlo duramente, para escarmiento de otros, y por poco lo logró. Precisamente una noche un guarda, en una sección de la calleja Kiriuchkin, casi tuvo la suerte de coger al fantasma en el lugar del hecho, al ir aquel a quitar el abrigo de paño corriente a un músico retirado que en otros tiempos había tocado la flauta. El guarda, que lo tenía cogido por el cuello, gritó para que vinieran a ayudarlo dos compañeros, y les entregó al detenido, mientras él introducía, solo por un momento, la mano en la bota en busca de su tabaquera para reanimar un poco su nariz, que se le había quedado helada ya seis veces. Pero el rapé debía de ser de tal calidad que ni siquiera un muerto podía aguantarlo. Apenas el guarda hubo aspirado un puñado de tabaco por la fosa nasal izquierda, tapándose la derecha, cuando el fantasma estornudó con tal violencia que empezó a salpicar por todos lados. Mientras se frotaba los ojos con los puños, desapareció el difunto sin dejar rastros, de modo que ellos no supieron si lo habían tenido realmente en sus manos.

Desde entonces los guardas cogieron un miedo tal a los fantasmas, que ni siquiera se atrevían a detener a una persona viva y se limitaban solo a gritarle desde lejos: «¡Oye, tú! ¡Vete por tu camino!». El espectro del empleado empezó a esparcirse también más allá del puente de Kalenik, sembrando un miedo horrible entre la gente tímida.

Pero hemos abandonado por completo a la «alta personalidad», quien, a decir verdad, fue el culpable del giro fantástico que tomó nuestra historia, por lo demás muy verídica. Pero hagamos justicia a la verdad y confesemos que la «alta personalidad» sintió algo así como lástima poco después de haber salido el pobre Akakiy Akakievich completamente deshecho. La compasión no era para él realmente ajena: su corazón era capaz de nobles sentimientos, aunque a menudo su alta posición le impidiera expresarlos. Apenas marchó de su gabinete el amigo que había venido de fuera, se quedó pensando en el pobre Akakiy Akakievich. Desde entonces se le presentaba todos los días, pálido e incapaz de resistir la reprimenda de que él lo había hecho objeto. El pensar en él lo inquietó tanto, que pasada una semana se decidió incluso a enviar un empleado a su casa para preguntar por su salud y averiguar si se podía hacer algo por él. Al enterarse de que Akakiy Akakievich había muerto de fiebre repentina, se quedó aterrado, escuchó los reproches de su conciencia y todo el día estuvo de mal humor.

Para distraerse un poco y olvidar la impresión desagradable, fue por la noche a casa de un amigo, donde encontró bastante gente y, lo que es mejor, personas de su mismo rango, de modo que en nada podía sentirse atado. Esto ejerció una influencia admirable en su estado de ánimo. Se tornó vivaz, amable, tomó parte en las conversaciones de un modo agradable; en una palabra: pasó muy bien la velada. Durante la cena tomó unas dos copas de champaña, que, como se sabe, es un medio excelente para comunicar alegría. El champaña despertó en él deseos de hacer algo fuera de lo corriente, así es que resolvió no volver directamente a casa, sino ir a ver a Carolina Ivanovna, dama de origen alemán, al parecer, con quien mantenía relaciones de íntima amistad.

Es preciso que digamos que la «alta personalidad» ya no era un hombre joven. Era marido sin tacha y buen padre de familia, y sus dos hijos, uno de los cuales trabajaba ya en una cancillería, y una linda hija de dieciséis años, con la nariz un poco encorvada sin dejar de ser bonita, venían todas las mañanas a besarle la mano, diciendo: «Bonjour, papa». Su esposa, que era joven aún y no sin encantos, le alargaba la mano para que él se la besara, y luego, volviéndola hacia fuera, tomaba la de él y se la besaba a su vez. Pero la «alta personalidad», aunque estaba plenamente satisfecho con las ternuras y el cariño de su familia, juzgaba conveniente tener una amiga en otra parte de la ciudad y mantener relaciones amistosas con ella. Esta amiga no era más joven ni más hermosa que su esposa; pero tales problemas existen en el mundo y no es asunto nuestro juzgarlos.

Así, pues, la «alta personalidad» bajó las escaleras, subió al trineo y ordenó al cochero:

—¡A casa de Carolina Ivanovna!

Envolviéndose en su magnífico abrigo, permaneció en este estado, el más agradable para un ruso, en que no se piensa en nada y, entre tanto, se agitan por sí solas las ideas en la cabeza, a cual más gratas, sin molestarse en perseguirlas ni en buscarlas. Lleno de contento, rememoró los momentos felices de aquella velada y todas sus palabras que habían hecho reír a carcajadas a aquel grupo, algunas de las cuales repitió a media voz. Le parecieron tan chistosas como antes, y por eso no es de extrañar que se riera con todas sus ganas.

De cuando en cuando le molestaba en sus pensamientos un viento fortísimo que se levantó de pronto, Dios sabe dónde, y le daba en pleno rostro, arrojándole además montones de nieve. Y, como si ello fuera poco, desplegaba el cuello del abrigo como una vela, o de repente se lo lanzaba con fuerza sobrehumana sobre la cabeza, ocasionándole toda clase de molestias, lo que lo obligaba a realizar continuos esfuerzos para librarse de él.

De repente sintió como si alguien lo agarrara fuertemente por el cuello; volvió la cabeza y vio a un hombre de pequeña estatura, con un uniforme viejo muy gastado, y no sin espanto reconoció en él a Akakiy Akakievich. El rostro del funcionario estaba pálido como la nieve, y su mirada era totalmente la de un difunto. Pero el terror de la «alta personalidad» llegó a su paroxismo cuando vio que la boca del muerto se contraía convulsivamente, exhalando un olor de tumba, y le dirigía las siguientes palabras:

—¡Ah! ¡Por fin te tengo!… ¡Por fin te he cogido por el cuello! ¡Quiero tu abrigo! No quisiste preocuparte por el mío y hasta me insultaste. ¡Pues bien: dame ahora el tuyo!

La pobre «alta personalidad» por poco se muere. Aunque era firme de carácter en la cancillería y, en general, para con los subalternos, y a pesar de que, al ver su aspecto viril y su gallarda figura, no se podía por menos de exclamar: «¡Vaya un carácter!», nuestro hombre, lo mismo que mucha gente de figura gigantesca, se asustó tanto que no sin razón temió que le diese un ataque. Él mismo se quitó rápidamente el abrigo y gritó al cochero, con una voz que parecía la de un extraño:

—¡A casa, a toda prisa!

El cochero, al oír esta voz que se dirigía a él generalmente en momentos decisivos, y que solía ser acompañada de algo más efectivo, encogió la cabeza entre los hombros para mayor seguridad, agitó el látigo y lanzó los caballos a toda velocidad. A los seis minutos escasos, la «alta personalidad» ya estaba delante del portal de su casa.

Pálido, asustado y sin abrigo, había vuelto a su casa, en vez de haber ido a la de Carolina Ivanovna. A duras penas consiguió llegar hasta su habitación y pasó una noche tan intranquila, que a la mañana siguiente, a la hora del té, le dijo su hija:

—¡Qué pálido estás, papá!

Pero papá guardaba silencio y a nadie dijo una palabra de lo que le había sucedido, ni en dónde había estado, ni adónde se había dirigido en coche. Sin embargo, este episodio le impresionó fuertemente, y ya rara vez decía a los subalternos: «¿Se da usted cuenta de quién tiene delante?». Y si así sucedía, nunca era sin haber oído antes de lo que se trataba. Pero lo más curioso es que a partir de aquel día ya no se apareció el fantasma del difunto empleado. Por lo visto, el abrigo del general le había venido justo a la medida. De todas formas, no se oyó hablar más de abrigos arrancados de los hombros de los transeúntes.

Sin embargo, hubo unas personas exaltadas e inquietas que no quisieron tranquilizarse y contaban que el espectro del difunto empleado seguía apareciéndose en los barrios apartados de la ciudad. Y, en efecto, un guardia del barrio de Kolomna vio con sus propios ojos asomarse el fantasma por detrás de su casa. Pero como era algo débil desde su nacimiento —en cierta ocasión un cerdo ordinario, ya completamente desarrollado, que se había escapado de una casa particular, lo derribó, provocando así las risas de los cocheros que lo rodeaban y a quienes pidió después, como compensación por la burla de que fue objeto, unos centavos para tabaco—, como decimos, pues, era muy débil y no se atrevió a detenerlo. Se contentó con seguirlo en la oscuridad hasta que aquel volvió de repente la cabeza y le preguntó:

—¿Qué deseas? —y le enseñó un puño de esos que no se dan entre las personas vivas.

—Nada —replicó el guardia, y no tardó en dar media vuelta.

El fantasma era, no obstante, mucho más alto y tenía bigotes inmensos. A grandes pasos se dirigió al puente Obuko, desapareciendo en las tinieblas de la noche.

EL RETRATO

I

En ningún sitio se detenía tanto público, en el mercado de Schukin, como ante la tienda de cuadros, que en verdad ofrecía la más variada colección de curiosidades. La mayoría de los cuadros eran óleos, recubiertos con un barniz verde oscuro y con dorados marcos de estilo. Paisajes invernales con árboles blancos, anocheceres rojos como el arrebol de un incendio, campesinos flamencos fumando en pipa y con un brazo doblado, con más aspecto de pavos con mangas que de personas, eran los temas favoritos. A ellos habría que agregar varios grabados: el retrato de Jozrev-Mirza con gorro de piel de oveja, y los de unos generales de tricornio, con la nariz torcida. Además, a la entrada de estas tiendas suele haber ristras enteras de litografías populares, de gran tamaño, que revelan que el ruso tiene un talento innato para esas cosas. En una aparecía la princesa Miliktrisa Kirbítevna; en otra, la ciudad de Jerusalén, sobre cuyas casas e iglesias se había paseado despiadadamente la pintura roja, que además se extendía a una parte del suelo y a dos campesinos que oraban con las manoplas puestas.

Estas obras atraen a pocos compradores, pero sí a mucho público. Entre este no faltará el criado despreocupado que bosteza ante ellos, con la mano en las fiambreras con la comida de la fonda para su señor, que, sin duda, se tendrá que comer bastante tibia la sopa. También son fijos el soldado con capote, que en los mercados al aire libre trafica con un par de navajas; y la vendedora del Ojta, con un cajón lleno de zapatos. Cada uno se extasía a su manera: los campesinos suelen señalar las cosas con el dedo; los caballeros observan circunspectos; los mandaderos y los pinches intercambian bromas referentes a las caricaturas expuestas; los viejos lacayos con abrigo de lana basta observan únicamente porque en algún sitio tienen que bostezar; las buhoneras, jóvenes mujeres rusas, acuden llevadas por el instinto para enterarse de lo que habla la gente y para mirar lo que la gente mira.

En ese instante, y sin proponérselo, ante la tienda se detuvo el joven pintor Chartkov, que a la sazón pasaba por allí. El abrigo viejo y el traje, pasado de moda, descubrían al hombre entregado por entero a su obra, sin tiempo para atender a su indumentaria, cuestión que tan misteriosamente absorbe a los jóvenes. Se detuvo ante la tienda y, al principio, aquellas abominables pinturas le hicieron sonreír para sus adentros. Después, sin querer, se puso a pensar si aquellas obras podrían interesar a alguien. No le extrañaba que hubiera rusos atraídos por los grabados del caballero Eruslán Lanzárevich, del zampón y del beberrón, de los personajes Fomá y Erioma: para el pueblo los asuntos dibujados resultaban familiares y comprensibles; pero ¿quién compraba aquellas bambochadas chillonas, sucias, grasientas? ¿A quién interesaban aquellos campesinos flamencos, esos paisajes rojos y azules con su pretensión de ser más arte que los grabados, pero que eran muestra de una profunda degeneración?

Indudablemente no habían sido pintados por un niño autodidacta. De lo contrario, por encima de lo característico se habría puesto de manifiesto el ingenio. Aquí se revelaba únicamente la torpeza, la mediocridad impotente y senil, entremetida en las filas del arte, cuando su sitio estaba entre lo chabacano: mediocridad que, pese a todo, seguía fiel a su vocación y llevaba al arte su gusto ramplón. ¡Los mismos colores, los mismos trazos, la misma mano avezada, rutinaria, que más bien pertenecía a un tosco autómata que a un humano…!

Permaneció un largo rato ante aquellos abominables cuadros, por fin sin pensar ya en ellos, y sin darse cuenta de que el dueño de la tienda, un hombrecillo gris con un abrigo de paño tosco y una barba sin afeitar desde el domingo, llevaba un buen rato hablándole, dándole precios, incluso sin saber aún qué le había gustado ni qué quería.

—Mire, por estos campesinos y por el paisajillo, le cobro diez rublos. ¡Fíjese qué pintura! ¡Es que te cautivan! Están recién llegados del depósito; el barniz no ha tenido tiempo de secarse. O ese paisaje invernal, ¡llévese el paisaje invernal! ¡Quince rublos! El marco vale más. ¡Eso sí que es invierno! —y el vendedor dio un papirotazo al lienzo, como queriendo demostrar que el paisaje había sido pintado a conciencia—. Si quiere, los ponemos en un solo paquete y se los mandamos a casa. ¿Sus señas, por favor? ¡Eh, chico, trae una cuerda!

—Un momento, amigo, no tan deprisa —dijo el pintor al ver que el diligente vendedor comenzaba a atarlos de verdad. Y, avergonzado de no comprar nada después de haber permanecido tanto tiempo en la tienda, añadió—: Aguarde, amigo, a ver si veo algo que me interese.

Y, agachándose, comenzó a levantar viejos lienzos apilados en el suelo, con rasguños, cubiertos de polvo, que, al parecer, no eran tenidos en ninguna estima. Había allí vetustos retratos familiares, la pista de cuyos descendientes habría sido imposible rastrear; imágenes casi irreconocibles, con el lienzo rasgado; marcos con el oropel desconchado; en una palabra: trastos viejos. Pero el pintor los examinaba pensando para sí: «A lo mejor aparece algo». Más de una vez había oído contar casos de cacharrerías en las que, entre cachivaches, habían hallado telas de grandes maestros.

El dueño, viéndole enfrascado, le dejó en paz, recuperó su tono e importancia habituales y volvió a apostarse ante la puerta, para reclamar la atención del público, apuntando con la mano hacia la tienda…

—¡Por aquí, caballero! Entre y verá qué cuadros; recién llegados de la sala de ventas.

Cuando se cansó de gritar, casi siempre sin resultado, y de charlar ante la puerta con el mercero de la tienda de enfrente, recordó finalmente que tenía en la tienda a un parroquiano, dio la espalda al público y volvió al interior.

—Qué, caballero, ¿ha elegido algo?

Pero el pintor llevaba un rato inmóvil, contemplando un retrato con un marco grande que había sido excelente y en el que solo quedaban restos de la pintura dorada. Era un anciano de cara broncínea, angulosa y flaca; sus rasgos parecían captados en un instante de desasosiego y evidenciaban una energía no norteña. Llevaban la impronta de un mediodía ardiente. Iba ataviado con un holgado traje asiático.

El retrato se hallaba muy maltrecho y cubierto de polvo; cuando hubo quitado el polvo que cubría la cara, comprendió que era obra de un gran pintor. El retrato parecía inacabado, pero el pincel tenía una fuerza asombrosa. Lo más extraordinario en él eran los ojos: daba la impresión de que el artista había puesto en ellos todo su poder y su sensibilidad de artista. Los ojos miraban, solo eso: miraban, miraban desde el lienzo, y su extraordinaria vivacidad parecía romper la armonía del conjunto.

Llevó el cuadro hasta la puerta y los ojos le miraron más intensamente aún. En el público también causaron una impresión semejante. Una mujer que miraba a espaldas de Chartkov exclamó:

—¡Me está mirando, me está mirando!

Y se apartó. Él sintió una sensación desagradable, que no habría podido explicar, y colocó el retrato en el suelo.

—Bueno, llévese el retrato —dijo el dueño.

—¿Cuánto vale? —preguntó el pintor.

—No le pediré mucho. Deme setenta y cinco kopeks.

—No.

—¿Cuánto daría?

—Veinte —dijo el pintor y se dispuso a marchar.

—¡Oiga, eso no es precio! El marco vale más. Pocas ganas tiene de comprar. ¡Caballero, caballero, vuelva y añada siquiera diez kopeks! No pido más. Está bien, está bien, vengan los veinte. Le aseguro que es por estrenarme: usted es el primer comprador, que si no… —e hizo un gesto con la mano, como diciendo: «Es perder dinero».

De esta forma, y sin proponérselo, Chartkov adquirió aquel viejo retrato. Al mismo tiempo, pensaba: «¿Qué necesidad tenía de comprarlo? ¿Qué falta me hacía?». Pero el trato ya estaba hecho, así es que sacó los veinte kopeks, se los dio al dueño y se fue con el cuadro bajo el brazo.

Por el camino recordó que los veinte kopeks pagados al mercader eran los últimos. El desánimo se apoderó de sus ideas: en un instante se sintió dominado por el tedio y por una sensación de vacío. "¡Qué vida más perra!", pensó, como hace el hombre ruso cuando las cosas le van mal. Caminaba a buen paso, casi maquinalmente, indiferente hacia todo.

El rojo del ocaso aún se mantenía en la mitad del cielo; las casas orientadas en aquella dirección brillaban tenuemente, bañadas por su luz cálida, pero el halo azulado y frío de la luna se hacía más intenso. Las ligeras Nombras casi transparentes proyectadas por las casas y por las piernas de los viandantes se alargaban en el suelo. El pintor fue fijándose más y más en el cielo, iluminado por una delicada luz, diáfana y vaga, y sus labios pronunciaron casi al mismo tiempo estas dos frases:

"¡Qué tonos tan delicados!" y "¡Diablos, qué rabia!" Volvió a acomodarse bajo el brazo el retrato, que se deslizaba constantemente, y apretó el paso.

A su casa, en la calle Quince de la Isla Vasilev, llegó cansado y sudoroso. Con no pocos esfuerzos, y respirando trabajosamente, subió la escalera rociada de lavazas y ornada con las huellas de gatos y perros. Llamó a la puerta y no tuvo respuesta: el criado no estaba en casa. Se apoyó en la ventana, dispuesto a esperar con paciencia, hasta que oyó, a sus espaldas, los pasos de su criado para todo, un joven que vestía camisa azul, que le hacía de modelo, le mezclaba los colores y limpiaba el suelo, que sus botas volvían a manchar inmediatamente. El muchacho se llamaba Nikita y, cuando el amo no estaba en casa, se pasaba todo el tiempo fuera. Nikita forcejeó un buen rato para introducir la llave en la cerradura, invisible en la oscuridad. Abierta por fin la puerta, Chartkov entró en el vestíbulo, donde el frío era insoportable, como siempre pasa en las casas de los pintores, aunque ellos, por lo demás, no lo advierten. No dio el abrigo a Nikita y con él puesto entró en su taller, una habitación cuadrada, grande, pero de techo bajo, con escarchadas ventanas, donde se apilaban toda dase de trabajos artísticos: fragmentados brazos de escayola, marcos con lienzos, bocetos abandonados a medio terminar, cortinas colgando de las sillas.

Estaba muy cansado. Se quitó el abrigo, colocó distraídamente el retrato entre dos pequeños lienzos y se dejó caer en un estrecho diván, que mal podría llamarse tapizado en cuero, pues la hilera de pequeños clavos de bronce que otrora lo habían sujetado hacía tiempo que andaban por su lado, y el cuero por el suyo, de forma que Nikita guardaba debajo de él las medias, las camisas y toda la ropa sucia.

Al poco de haberse acomodado, dentro de la comodidad que permitía el exiguo diván, Chartkov solicitó una vela.

—No hay velas —dio Nikita.

—¿Cómo que no hay?

—Ayer ya no las había —respondió Nikita.

El pintor recordando que, efectivamente, tampoco la víspera había habido velas, se apaciguó y calló. Se desvistió, ayudado por el criado, y se puso su gastadísima bata.

—Ah, estuvo el casero —dijo Nikita.

—Vino a cobrar. Ya lo sé —replicó el pintor con un ademán*

—Es que no venía solo —agregó Nikita.

—¿Pues con quién vino?

—No sé con quién…, con un policía.

—Y el policía ¿qué quería?

—No sé; preguntó por qué no pagaba el alquiler.

—¿Y a qué lleva todo eso?

—Pues no sé a qué lleva; dice que si no quiere usted pagar, que deje el piso. Mañana volverán los dos.

—Que vengan —dijo Chartkov con resignada indiferencia, mientras el pesimismo se apoderaba de su ánimo.

El joven Chartkov era un pintor de talento, prometía mucho. En ocasiones ponía de relieve sus dotes de hombre observador, imaginativo, con un claro afán de mantenerse próximo a la naturaleza. "Ten cuidado, amigo —más de una vez le había dicho su profesor—: tienes talento y sería un pecado que lo echases a perder. Pero te falta paciencia. Lo que de verdad te atrae, lo que te gusta, te seduce de tal forma, que todo lo demás es para ti indigno de una mirada. No te vayas a convertir en un pintor de moda. Tus colores ya se vuelven demasiado llamativos. A tu dibujo le falta precisión, y a veces es tan flojo, que la línea desaparece; buscas los efectos de luz que están en boga, lo vistoso. Cuídate, porque eso te llevaría a imitar a los ingleses. Ándate con cuidado, que te estás dejando seducir por lo mundano; alguna vez te veo un elegante pañuelo al cuello, un sombrero de efecto… Es muy tentador ponerse a pintar cuadritos y retratitos por dinero. Pero coarta y malogra el talento. Ten paciencia. Medita cada obra que haces, no presumas, deja que otros se forren de dinero. El tuyo no se lo llevará nadie".

El profesor tenía, en parte, razón. Cierto, en ocasiones nuestro pintor se vio tentado por las ganas de divertirse, de presumir, en una palabra, de alardear de su juventud olvidándose de todo. Se ponía a pintar y, cuando lo dejaba, tenía la sensación de un hermoso sueño interrumpido. Su gusto evolucionaba claramente. No alcanzaba aún la profundidad de Rafael, pero ya le fascinaba la rápida y amplia pincelada de Guido, ya se detenía ante los retratos de Tiziano, ya admiraba a los flamencos. Aún no había logrado ver más allá de la pátina oscura que vela los viejos lienzos; pero ya iba descubriendo en ellos algunas cosas, aunque en su fuero interno no compartiera la opinión del profesor de que los viejos maestros eran inalcanzables; incluso creía que el siglo diecinueve era considerablemente superior en algunas cosas, que ahora la imitación de la naturaleza era más viva, próxima, íntima, en una palabra, pensaba lo que el joven que, habiendo vislumbrado algo, se siente orgulloso de ello. A veces sufría viendo como un pintor itinerante, francés o alemán, que a menudo ni siquiera tenía vocación de pintor, producía, nada más que con destreza, con un pincel ágil y colores subidos, un revuelo general y en un santiamén se hacía con un capital.

Esas ideas le asaltaban a Chartkov no cuando se pasaba la jornada entera entregado a su trabajo, olvidándose de beber y de comer y del mundo entero, sino cuando se veía acosado por la pobreza, sin dinero para comprar pinceles ni colores, y cuando el dueño le fastidiaba diez veces al día para exigirle el alquiler. Era entonces cuando envidiaba la suerte del pintor rico. En tales ocasiones, incluso le asaltaba una idea, muy habitual en las mentes rusas: mandarlo todo a paseo y ahogar las penas en vino. Ahora estaba a punto de hacerlo.

—Ya sé: ¡aguanta, aguanta! —exclamó con enfado—. Pero el aguanté también tiene sus límites. ¡Aguanta! ¿Y con qué dinero voy a comer mañana? Nadie me fía nada. Y, si pusiera en venta todos mis cuadros y dibujos, seguro que no sacaba ni veinte kopeks. Es cierto: pintándolos he aprendido, cada cuadro me enseñó algo, pero ¿de qué me ha servido? Bocetos y ensayos y más bocetos y ensayos, a los que no se ve el final.

¿Cómo me van a comprar, si mi nombre no es famoso? Además, ¿a quién pueden interesar modelos antiguos, hechos en las clases de dibujo o mi inacabado "Amor de Psique", o la perspectiva de mi habitación, o el retrato de mi Nikita, aunque sean mejores que los retratos de muchos de los pintores que están en el candelero? ¿Hasta cuándo? ¿Para qué sufro y sigo como un párvulo, sin pasar del abecedario, cuando podría demostrar que no soy peor que otros y tener el dinero que ellos tienen?

Apenas hubo pronunciado esas palabras, el pintor se estremeció de pronto y quedó lívido: desde el lienzo, pero como por detrás de su superficie, le observaba un rostro convulsamente desfigurado. Los dos ojos, aterradores, le miraban como si quisieran devorarle; los labios le imponían silencio. Asustado, quiso llamar a Nikita, que ya llenaba el zaguán con sus poderosos ronquidos, pero se contuvo y se echó a reír. Su miedo desapareció inmediatamente: la mirada partía del cuadro comprado, del que se había olvidado por completo.

La luz de la luna al caer sobre él había dado al retrato una vivacidad extraña. Se puso a examinarlo y limpiarlo. Mojó una esponja en agua y, pasándola varias veces por el lienzo, eliminó casi todo el polvo y la suciedad acumulados. Devuelta la tela a la pared, volvió a asombrarse de lo excepcional de la obra: la cara casi había cobrado vida, y los ojos le miraron de tal modo, que, estremecido, retrocedió y pronunció con asombro: "Está mirando, está mirando con ojos humanos".

De pronto recordó una historia que hacía mucho le contara su profesor, sobre un retrato del famoso Leonardo de Vinci, que el gran maestro, pese a llevar varios años trabajando en él, consideraba inacabado, mientras que, según Vasari, todos los estimaban su obra más perfecta y consagrada. Lo más logrado eran los ojos, que maravillaban a los contemporáneos; el pintor no había olvidado, y había trasladado al lienzo, las vetas más pequeñas, apenas visibles.

Pero el retrato que ahora veía Chartkov ante sí tenía algo muy singular. Aquello ya no era arte, aquello incluso rompía la armonía del propio retrato. Eran ojos animados, eran ojos humanos. Parecían extraídos a un ser vivo, para colocarlos aquí. No producían ya el gozo interior que invade el espíritu al contemplar la obra de un pintor, por espeluznante que sea su argumento: creaban un sentimiento morboso, de angustia.

"¿Qué es lo que ocurre? —se interrogó involuntariamente el pintor—. Sin duda está tomado del natural, de la vida; pero, entonces, ¿por qué produce esa extraña desazón? ¿Quizá porque la imitación servil, literal dé la naturaleza es una transgresión y causa el efecto del chillido disonante? ¿O porque, si te aproximas al objeto con indiferencia, con imparcialidad, no te ofrece más que su horrorosa realidad, no iluminado por la luz de la idea inaccesible, presente en todo, aparecerá con la crudeza con que aparecería la persona que admiras si, armado de un bisturí, le abrieras las entrañas para descubrir las repulsivas vísceras? ¿Por qué la naturaleza simple captada por un pintor no te produce ningún sentimiento mezquino, sino, por el contrario, gozo? ¿Por qué, después, a tu alrededor todo se mueve y desplaza con mayor sosiego y suavidad? ¿Y por qué esa misma naturaleza, interpretada por otro pintor, se presenta vil, abominable, aun cuando él también haya sido fiel a su modelo? Pero le falta ese algo que ilumina. Lo mismo ocurre con un paisaje natural, que puede ser excelente, pero que resulta defectuoso si en el cielo no hay sol".

Se aproximó de nuevo al retrato, para observar aquellos ojos asombrosos, y con espanto comprobó que sí, que le estaban observando. Aquello era algo más que una copia del natural: era la extraña vivacidad que habría tenido la cara de un muerto resucitado. Ya fuera por la luz de la luna, que todo lo envuelve en una atmósfera delirante, que a todo da un aspecto distinto, contrapuesto a su apariencia diurna, ya fuera por otras razones, el caso es que, de pronto, sintió miedo de encontrarse solo en el cuarto. Se distanció cautelosamente del retrato y desvió la mirada, procurando no verlo, aunque con ello no logró que los ojos dejaran de mirar. Finalmente incluso sintió miedo de andar por la habitación; le parecía que, acto seguido, alguien comenzaría a caminar a sus espaldas, y, cada vez que daba un paso, miraba tímidamente hacia atrás. Nunca había sido cobarde, pero sí imaginativo y nervioso, y aquella noche él mismo no lograba explicarse la razón de aquel pavor involuntario. Se sentó en un rincón, pero también allí se imaginó que alguien, asomando por encima del hombro, pudiera mirarle la cara.

Los ronquidos de Nikita, que le llegaban del zaguán, tampoco ahuyentaban su miedo. Por fin se levantó y, apocado, sin levantar la vista, pasó al otro lado del biombo y se acostó en la cama. Por entre las rendijas del biombo distinguía la habitación, iluminada por la luna, y veía el retrato, colgado en la pared de enfrente. Los ojos, aun más terribles, aun más penetrantes, se clavaron en él como si no quisieran ver nada más. Lleno de un sentimiento de angustia, se levantó, cogió una sábana, se fue hacia el retrato y lo tapó. Hecho eso volvió a acostarse, más tranquilo, y se puso a meditar sobre la miserable suerte del pintor y sobre el camino de espinos que le quedaba por recorrer. A todo eso, sus ojos, involuntariamente, observaban, por una rendija del biombo, el retrato cubierto con la sábana.

La luz de la luna acentuaba la blancura de la sábana, que él llegó a imaginar traspasada por los terribles ojos. Horrorizado fijó la mirada, para cerciorarse de que aquello era absurdo. Pero en ese momento, y con toda realidad, vio…, vio claramente que la sábana había desaparecido… y que el retrato estaba al descubierto y le miraba, evitando todo lo demás, penetrando en su interior… Chartkov sintió que se le helaba el corazón.

Y vio que el anciano se movía, se apoyaba en el marco con ambas manos. Finalmente, levantándose a pulso, sacó las piernas y saltó del marco… Por la rendija del biombo ya solo se veía el marco vacío.

En la habitación resonaron unos pasos que se aproximaban al biombo. El corazón del pobre pintor latió con fuerza. Sin atreverse a respirar, aterrado, esperó el momento en que el viejo se asomara tras el biombo. Y así fue: asomaron su cara broncínea y los enormes ojos. Chartkov quiso gritar, pero advirtió que había quedado sin voz; intentó revolverse, hacer algún movimiento, pero los miembros no le obedecieron. Boquiabierto, contenida la respiración, observaba al espantoso fantasma, gigantesco de estatura, vestido con una holgada chilaba asiática, y esperó a ver qué hacía. El anciano se sentó casi a sus pies y sacó algo de entre los pliegues de su ancha vestimenta.

Era una bolsa. La desató, la agarró por las dos puntas y la volvió. Con sordo ruido cayeron al suelo unos paquetes pesados, en forma de largos cartuchos. Envueltos en papel azul, cada uno llevaba esta inscripción: 1000 chervonets. Librando sus manos largas, huesudas, de las anchas mangas, el anciano comenzó a deshacer los cartuchos. Brilló el oro. Pese a la enorme angustia y al pavor que le dominaba, el pintor puso los ojos en el oro y observó, con mirada inmóvil, cómo caía el dinero en las huesudas manos, cómo brillaba, y con un tintineo fino y sordo, volvía a los cartuchos. En esto descubrió Chartkov que uno de ellos había rodado más lejos que los demás, cerca de la cabecera de su cama. Estremecido, agarró el cartucho y observó, temeroso, si le había visto el anciano. Pero éste, que parecía demasiado ocupado en reunir los envoltorios, los reintegró a la saca y, sin mirar a Chartkov, desapareció tras el biombo.

A Chartkov el corazón le latió alocado al oír el susurro de los pasos que se alejaban en la habitación. Temblando todo él, apretó el cartucho en una mano. De pronto, volvieron a ser audibles los pasos, que se aproximaban otra vez al biombo: al parecer el anciano había echado de menos el cartucho. De nuevo se asomó tras el biombo. Desesperado, Chartkov aferró con todas sus fuerzas el cartucho, hizo un esfuerzo por moverse, gritó y se despertó.

Un sudor frío le bañaba todo el cuerpo, el corazón le palpitaba con todo el ímpetu de que era capaz. Tenía el pecho oprimido, como si de él hubieran extraído el último aliento. "¿Es posible que haya sido un sueño?", dijo según se llevaba las manos a la cabeza. Pero el terrible verismo de la escena no parecía propio de un sueño. Ya despierto, había visto cómo retornaba el anciano a su marco, e incluso el aleteo de los bajos de su holgada chilaba; y su mano conservaba aún la clara sensación de haber soportado, hada un instante, un peso. La luz de la luna alumbraba el cuarto, rescatando de los rincones aquí un lienzo, allí un brazo de escayola, más allá un cortinaje abandonado sobre una silla, y en tal otra parte unos pantalones y unas botas sin limpiar. Solo entonces se percató de que no estaba acostado en la cama, sino de pie, ante el retrato. No lograba comprender cómo había llegado hasta allí. Más aún le asombró que el retrato estuviera descubierto, sin la sábana que él le había puesto. Paralizado por el miedo, observó el lienzo y vio cómo se clavaban en él aquellos ojos humanos, vivos. Un sudor frío le cubrió la cara; quiso alejarse, pero los pies se le habían quedado pegados al suelo. Y vio, pero no en sueños, que los rasgos del anciano se movían y sus labios avanzaban hacia él, como si pretendieran succionarlo… Se apartó, con un grito de desesperación, y despertó.

"¿Es posible que también éste haya sido un sueño?" Con el corazón a punto de estallar, tanteó, con las manos, a su alrededor. Estaba tumbado en la cama, en la misma postura en que se había dormido. Ante él tenía el biombo: la luz de la luna llenaba la habitación. Por una rendija del biombo se veía el retrato tapado con la sábana, igual que él lo había dejado. De manera que aquello había sido otra quimera. Pero la mano, crispada aún, guardaba la sensación de haber sujetado algo. Los latidos de su corazón eran, de puro fuertes, casi insoportables. Escudriñó a través de la rendija y miró con detenimiento la sábana. Vio claramente que aquélla se arrugaba, como si por debajo de ella una mano se estremeciera, empeñada en arrancarla. "Dios mío, ¿qué ocurre?", gritó conforme se santiguaba desesperadamente y despertó.

¡También esta vez había estado soñando! Saltó de la cama, casi loco, con los sentidos alterados, incapaz ya de comprender qué estaba ocurriendo: si aquello era una pesadilla, o un fantasma, el delirio de una fiebre o una visión real. Intentando vencer la confusión de espíritu y de apaciguar la sangre alterada, que con pulsaciones tensas golpeaban las venas, se acercó a la ventana y abrió el postigo. Una bocanada de viento frío le reanimó. La claridad lunar aún se reflejaba en los tejados y en las paredes blancas de las casas, aunque las pequeñas nubes que cruzaban el cielo se hacían más abundantes. Todo era silencio. De cuando en cuando llegaba a sus oídos el lejano tintineo de un coche de alquiler, cuyo dueño dormitaba en algún recóndito callejón, mecido por su indolente jumento, en espera de algún cliente rezagado. Pasó un buen rato asomado al postigo. En el cielo se insinuaba la aurora. Finalmente, sintiendo modorra cerró la ventana, se retiró, tendióse en la cama y pronto cayó, como muerto, en el sueño más profundo.

Se despertó muy tarde y con lo desagradable sensación del que ha dormido en un ambiente violado: le dolía la cabeza. La habitación estaba a oscuras: una humedad desapacible flotaba en el aire y penetraba por las rendijas de las ventanas, obstruidas con cuadros y lienzos preparados. Mohíno, malhumorado como un gallo mojado, se sentó en el desvencijado diván, sin saber qué emprender, y por fin recordó su sueño. A medida que iba haciendo memoria, el sueño adquiría en su imaginación mayores visos de realidad angustiosa, hasta el punto de que llegara a sospechar que tal vez no había sido un sueño ni una simple pesadilla, sino otra cosa, una visión.

Arrancó la sábana al cuadro y, a la luz del día, se puso a observar el extraño retrato. Los ojos llamaban de verdad la atención, por su extraordinaria vivacidad, pero no hallaba en ellos nada aterrador, aunque sí producían un desasosiego inexplicable. Ello no obstante, seguía sin convencerse de que aquello hubiera sido enteramente un sueño. Tenía la impresión de que en el sueño se había intercalado un terrible trozo de realidad. Incluso, en la propia mirada y en la expresión del anciano, algo parecía insinuar que había bajado al cuarto la noche anterior. La mano de Chartkov sentía aún la sensación de haber sostenido un peso que le acabaran de arrebatar hacía solo un instante. Era como si hubiese tenido el cartucho atenazado en la mano aun después de despertar.

"¡Dios mío, si fuera mía siquiera una parte de aquel dinero!", dijo y suspiró acongojado. Y en la imaginación vio cómo salían de la saca todos los cartuchos que llevaban el fascinante letrero de 1000 chervonets. Los cilindros se desenrollaban, el oro brillaba y volvía a quedar envuelto en el papel. Chaitkov permaneció inmóvil, con la mirada perdida en el vacío, incapaz de desentenderse de aquel objeto, igual que el niño cuya boca se hace agua viendo cómo los demás comen el postre. Por fin, un golpe en la puerta le hizo volver en sí con desagrado. Entró el casero con el comisario de policía del barrio, cuya aparición es, para el pobre, más desagradable que para un rico la aparición de un solicitante.

El dueño de la pequeña casa que habitaba Chartkov era uno de esos típicos caseros de la calle Quince en la Isla Vasilev, del barrio Petersburzhki, o de algún suburbio lejano, como Kolomna: una criatura que se da mucho en Rusia y que es tan indefinible como el color de una levita gastada. En su juventud había sido capitán y camorrista; también había realizado algún que otro cometido civil; se prestaba muy bien a jurar y azotar, era despabilado, presuntuoso y tonto; pero a la vejez hizo de cada una de esas particularidades concretas un impreciso amasijo. Era viudo, estaba retirado, ya no presumía, no se vanagloriaba, no armaba gresca; no le gustaba más que tomar el té y, mientras lo tomaba, decir estupideces o pasear por la habitación despabilando la vela. Puntualmente, al vencer el mes, visitaba a sus inquilinos, para cobrar el alquiler; salía a la calle, llave en mano, para observar el tejado de su casa; sacaba varias veces al día al portero de su cuchitril, donde el hombre se refugiaba para dormir; en resumen, era un jubilado que, después de una vida de juergas y tumbos por todos los caminos, conserva únicamente los hábitos más triviales.

—Ahí le tiene, Váruj Kuzmich —dijo el dueño al policía extendiendo los brazos—; ahí le tiene, que no hay forma de que pague el alquiler.

—¿Qué puedo hacer, si no tengo dinero? Espérese, ya se lo pagaré.

—Yo, señor mío, no puedo esperar —dijo enfadado el dueño, acompañándose con un ademán, llave en la mano—. Sepa usted que el teniente coronel Potogonkin lleva viviendo siete años en mi casa; Anna Petrovna Bujmísterova me alquila un cobertizo y una cuadra con dos establos y tiene tres criados; ya ve qué clase de inquilinos tengo. Yo, permítame que se lo diga, no admito que me demoren el alquiler. Haga el favor de pagar ahora mismo y deje el piso.

—Mire, si lo tienen acordado así, haga el favor de pagar —dijo el policía en tanto agitaba ligeramente la cabeza y hundía un dedo en el peto de la guerrera.

—La cosa es que no puedo pagar, en este instante no tengo un kopek.

—En tal caso haga el favor de satisfacer a Iván Ivánovich con artículos de su fabricación —dijo el policía—; quizás acceda a cobrarle en cuadros.

—Ah, eso no, señor; de cuadros, ni hablar. Hombre, si fueran pinturas de contenido noble, para colgar en la pared, como un general con estrella o el retrato del príncipe Kutúzov, un suponer...; pero vea usted lo que pinta: un paleto, a un paleto en camisa; es el mozo que le prepara las pinturas. ¡Y que de tal cerdo encima hagan retratos! A ése le voy yo a partir la cara: el muy granuja me ha sacado todos los clavos de los pestillos. Fíjese usted, qué cosas dibuja: la habitación. Hombre, si pintara la habitación arreglada, limpia, ¡pero es que te la pinta con toda la basura! Fíjese qué sucia me ha dejado la habitación, usted mismo puede verlo. Oiga, que en mi casa hay inquilinos que llevan viviendo siete años: coroneles, Anna Petrovna Bujmísterova... Mire lo que le digo: no hay peor inquilino que un pintor; los pintores viven como los cerdos. ¡Dios nos asista!

El pobre Chartkov no tenía más remedio que escuchar todo eso con resignación. Entretanto el comisario del barrio se había puesto a mirar los cuadros y bocetos y allí mismo tuvo ocasión de demostrar que tenía un corazón más sensible que el del casero y que no era indiferente al arte.

—Vaya —dijo según ponía el dedo en uno de los lienzos, que representaba a una mujer desnuda—, este tema, pues… tiene su picardía. Diga, por qué a éste le puso un color tan negro debajo de la nariz. ¿Qué pasa, que aspira rapé?

—Es la sombra —respondió Chartkov con voz severa y sin mirarle.

—Mejor si se la pone en otra parte, debajo de la nariz es un sitio que se ve mucho —comentó el policía—. Y este retrato ¿de quién es? —continuó, conforme se acercaba al del anciano—. Demasiado terrorífico. ¿Era así en la realidad? Ah, es que parece que le esté mirando a uno. ¡Menudo estafermo! ¿A quién se lo pintó?

—Es de un… —dijo Chartkov.

Pero no acabó la frase, porque se oyó un crujido. Al parecer, el policía, que era un manazas, había apretado demasiado fuerte el marco del retrato. Las tablas laterales se rompieron, y una cayó al suelo, y, junto con ella, con un golpe seco, cayó un cartucho de papel azul. Chartkov tuvo tiempo de ver la inscripción: 1000 chervonets. Se lanzó como un loco a recoger el cartucho, lo levantó y lo apretó en la crispada mano, que cedió al peso.

—Parece que ha sonado dinero —observó el policía, que había oído el ruido, pero, debido a la rapidez con que se lanzó Chartkov a recoger el cartucho, no pudo precisar la causa.

—No es asunto suyo lo que yo tenga.

—Asunto mío es que tiene usted que pagar al dueño el alquiler, y que, teniendo dinero, no quiere hacerlo; eso mismo.

—Bien, le pagaré hoy.

—Entonces ¿por qué no lo hizo antes y causa molestias al dueño y a la policía?

—Porque no quería tocar ese dinero. Le pagaré esta misma tarde y dejaré la casa mañana sin falta, pues no deseo relaciones con este casero.

—Bueno, Iván Ivánovich, ya ve usted que le va a pagar —dijo el policía al dueño—. Y si resulta que esta tarde no satisface usted su deuda como es debido, entonces aténgase a las consecuencias, señor pintor.

Dicho esto, se caló su tricornio y salió al zaguán seguido del dueño, que iba con la cabeza baja y como meditabundo.

—¡Gracias a Dios que el diablo se los ha llevado! —exclamó Chartkov, cuando oyó el golpe que daba la puerta al cerrarse.

Revisó el zaguán, se inventó un pretexto para que Nikita se fuera, cerró tras él, retomó a la habitación y, con el corazón trepidante, se puso a deshacer el cartucho. Contenía flamantes monedas de oro, ardientes como brasas. A punto de enloquecer, se sentó ante el montón de oro preguntándose si no estaría soñando. El cartucho contenía justo mil monedas y su aspecto exterior coincidía plenamente con el visto en sueños. Pasó varios minutos mirando y remirando las monedas, incapaz de dar crédito a sus ojos.

A su imaginación acudieron de pronto todas las historias sobre tesoros y bargueños con gavetas secretas legados por previsores antepasados a descendientes cuya mina estimaban inevitable. Se preguntó si algún abuelo habría decidido dejar un regalo a su nieto escondiéndolo en el marco de un retrato familiar. Llevado por las fantasías románticas, se puso a buscar en aquello alguna relación oculta con su destino, una eventual vinculación entre la existencia del retrato y su propia existencia, y a preguntarse si la adquisición del retrato no sería una predestinación.

Se puso a hurgar en el marco del cuadro. En un costado vio una acanaladura en la madera y cubierta con una tablilla tan bien ajustada, que, si la mano torpe del policía no los hubiera quebrado, el dinero habría seguido allí, de fijo, hasta el fin de los siglos.

Mientras examinaba el retrato, volvió a asombrarse de la perfección con que estaban pintados los ojos, que ya no se le antojaban terribles, pero le seguían causando desazón.

"No —se dijo—, no sé de quién eres abuelo, pero yo te pondré cristal y un marco dorado". Al mismo tiempo puso la mano sobre el montón de oro que tenía ante sí, y el corazón, a su contacto, le latió con fuerza. "¿Qué hacer con ellas? —pensaba, clavados los ojos en las monedas—. Ahora estoy asegurado para tres años, por lo menos. Puedo encerrarme y trabajar. Tengo para comprar pinturas, para comer, para el té, para vestir y para pagar el alquiler. Ahora nadie vendrá a molestarme, a estorbar mi trabajo. Me compraré un buen modelo, encargaré un torso de escayola, tornearé unas piernas, pondré una Venus, adquiriré reproducciones de los mejores cuadros. Y, si trabajo tres años para mí, sin prisas ni apremio por vencer, aventajaré a todos ellos y podré ser un buen pintor".

Así pensaba, atendiendo a lo que le dictaba la razón; pero en su interior sonaba otra voz aún más fuerte y sonora. Mirando otra vez el oro, fue mayor el ímpetu con que se manifestaron sus veintidós años y el ardor juvenil. Ahora tenía a su alcance todo lo que hasta ese momento había contemplado con ojos envidiosos, lo que había admirado de lejos, tragando saliva. ¡Cómo le palpitó el corazón con solo pensarlo! Ponerse un frac de moda, desayunarse tras una vigilia tan larga, alquilar un buen piso, irse inmediatamente al teatro, a la pastelería, a... en fin.

Cogió el dinero y, de un brinco, se plantó en la calle. Primero fue a una sastrería, se vistió de pies a cabeza, sin cesar de mirarse al espejo, como un niño. Compró lociones y pomadas. Alquiló, sin regatear, el primer apartamento excelente que encontró en la Avenida Nevski; con espejos y grandes ventanales. Compró casualmente unos impertinentes caros; también casualmente adquirió un montón de corbatas de todas las clases, más de las que necesitaba; se hizo un rizado en la peluquería; se paseó en coche por toda la ciudad, nada más que por darse ese gusto; se atiborró de confites en la pastelería y entró en un restaurante francés del que tenía una noción tan remota como del Imperio chino.

Allí comió muy ufano, mirando por encima del hombro a los demás y arreglándose a cada instante los rizos ante el espejo. Allí mismo se tomó una botella de champán, otra de las cosas que conocía solo de oídas. El vino se le subió ligeramente a la cabeza, y salió a la calle animado, alegre, dispuesto a ponerse el mundo por montera. Iba con aire arrogante por la acera enfocando a todo el mundo con los impertinentes. En el puente, habiendo visto a un antiguo profesor, se hizo el distraído; el profesor permaneció un buen rato donde estaba, el rostro hecho un interrogante.

Esa misma tarde trasladó todos sus trabajos —caballete, lienzos, cuadros— al suntuoso departamento. Colgó los cuadros mejores en los lugares más visibles, arrinconó lo peor y, luego, paseó por las espléndidas salas mirándose a cada paso en los espejos. Volvió a sentir el deseo incontenible de hacerse famoso. Ya sonaban en sus oídos los gritos de "¡Chartkov, Chartkov! ¿Han visto ustedes los cuadros de Chartkov? ¡Qué trazo tan firme tiene ese Chartkov! ¡Qué extraordinario talento el de Chartkov!" Paseaba excitado por el cuarto, llevado muy lejos por la imaginación.

Al día siguiente tomó una decena de chervonets y se fue a ver al editor de un periódico muy difundido, en solicitud de su magnánima y generosa ayuda. Fue muy bien recibido por el periodista, que inmediatamente le otorgó el título de "honorable", le estrecho ambas manos, inquirió con detalle su nombre, patronímico y lugar de residencia.

Un día más tarde, inmediatamente después de la noticia sobre la invención de las velas de sebo, en el diario aparecía un artículo que, con el título de "Chartkov, un talento extraordinario", decía lo siguiente:

"Nos apresuramos a participar a la población culta de la capital la noticia de un hallazgo, valga la expresión, excepcional en todos sentidos. Todos estarán de acuerdo en que tenemos muchas fisonomías hermosísimas, rostros maravillosos que hasta ahora no habían podido ser trasladadas a la tela en la que perdurarían como mensaje a la posteridad. Desde ahora, eso podrá ser subsanado: ha surgido un pintor que reúne todas las condiciones requeridas. Ahora la mujer hermosa puede estar segura de que será retratada con toda la gracia de su belleza etérea, sutil, encantadora, maravillosa, semejante a la mariposa que en primavera vuela de flor en flor. El honorable padre de familia aparecerá rodeado de sus seres queridos. El comerciante, él militar, el ciudadano, el hombre de Estado, todos, proseguirán su obra con renovados bríos. Acudid, acudid; al regreso de la fiesta, del paseo, de la visita al amigo, a la prima, al elegante establecimiento, de allá de donde vengáis, visitad el excelente taller del pintor (Avenida Nevski, número tal), abarrotado de retratos hechos por su pincel, dignos de un Van Dyck o de un Tiziano. No sabe uno qué admirar más, si la fidelidad y el parecido con el original, o el extraordinario colorido y frescor de su pincel. Alabado sea, pintor: a usted le ha tocado el gordo de la lotería. ¡Viva Andréiy Petróvich! (el periodista, como se ve, era bastante fresco). Acreciente su fama y la nuestra. Nosotros sabremos valorarle. La afluencia masiva de público y, junto a ello, el dinero —aunque algunos miembros de nuestro gremio de la prensa lo rechacen— será su recompensa".

El pintor leyó el anuncio con oculta satisfacción; su cara se dilató en una sonrisa. Era la primera vez que veía su nombre en letra impresa. Volvió varias veces al texto. Verse comparado con Van Dyck y con Tiziano le agradó sobremanera, La frase "¡Viva Andréiy Petróvich!" también le gustó muchísimo; que en letras de molde pusieran su nombre y patronímico era un honor que hasta entonces no le habían dispensado.

Comenzó a pasear a grandes zancadas por la habitación, a alborotarse los cabellos; se sentaba en la butaca, volvía a levantarse, para sentarse en el diván, imaginándose a cada instante cómo recibiría a los señores y señoras visitantes; se acercaba al lienzo y trazaba en él un atrevido garabato con el pincel, procurando dar al brazo un movimiento elegante.

Al día siguiente, a su puerta sonó la campanilla. Chartkov se lanzó a abrir. Entró una señora, precedida de un lacayo con librea forrada de piel; con la dama venía una señorita de unos dieciocho años, su hija.

—¿Es usted monsieur Chartkov? — preguntó la señora.

El pintor hizo una reverencia.

—De usted se escribe tanto, dicen que sus retratos son el no va más de la perfección.

Con esas palabras, la dama se llevó a los ojos los impertinentes y comenzó a escudriñar las paredes, en las que no había nada.

—No veo sus retratos.

—Los han retirado —dijo un tanto turbado el pintor—. Acabo de mudarme a este piso y aún están en camino…, no han llegado todavía.

—¿Ha estado usted en Italia? —indagó la dama, a falta de otra cosa que mirar, apuntaba hacia él los impertinentes.

—No, no he estado allí, pero quisiera… Aunque, por ahora, lo he aplazado… Aquí tiene una butaca, estará usted cansada…

—Gracias, he estado mucho tiempo en el coche. ¡Ah, por fin veo una de sus obras! —exclamó la dama y corrió hacia la pared opuesta, para, enfocando con los impertinentes los estudios, bocetos, perspectivas y retratos colocados en el suelo, agregar—: *C'est charmant*, Use! *Lise, venei ici*: una habitación al gusto de Teniers. Fíjate qué desorden, todo en desorden; una mesa y, sobre ella, un busto, un brazo, una paleta; fíjate en el polvo, cómo está dibujado el polvo. *C'est charmant*! Ahora, mira este otro cuadro, de una mujer lavándose la cara: *quelle jolie figure*! ¡Ah, un mujik! ¡Lise, un mujik con camisa rusa! Mira: un mujik. Así que usted no solo hace retratos, ¿verdad?

—Bah, son minucias… Divertimientos… Bocetos…

—Dígame, ¿qué juicio le merecen los retratistas de ahora? Los de ahora no son como el Tiziano, ¿verdad? No tienen ese colorido enérgico, no tienen esa…, ¡lástima que no lo sepa decir en ruso! —la señora era aficionada a la pintura y con sus impertinentes se había recorrido todos los museos de Italia—. Sin embargo, tome a monsieur Noll…, ¡cómo pinta! ¡Qué pincel más extraordinario! Para mi gusto, sus caras son más expresivas que las de Tiziano. ¿Conoce usted a monsieur Noll?

—¿Quién es ese Noll? —preguntó el pintor.

—Monsieur Noll. ¡Qué talento! ¡Pintó el retrato de Use cuando ella tenía solo doce años! Usted tiene que venir a casa, sin falta. Use, enséñale tu álbum. Sabe usted, venimos a qué comience inmediatamente su retrato.

—Ah, bien, estoy listo. Un momento.

En un instante aproximó el caballete con el lienzo dispuesto, cogió la paleta, clavó el ojo en la carita pálida de la hija.

De haber conocido la naturaleza humana, en un instante habría leído en la cara de ella el despertar de una pasión pueril por los bailes, el comienzo del fastidio y de las quejas por la lentitud con que pasan las horas antes y después de la comida, el afán de lucir el vestido nuevo, las huellas deprimentes que deja el practicar sin pasión las distintas artes a instancias de una madre preocupada por elevar el espíritu y los sentimientos de su hija. Pero Chartkov solo veía el rostro, cuya transparencia, casi de porcelana, tentaba su pincel; la suave languidez que la hacía más atractiva; el esbelto cuello y la aristocrática gracia de su talle. Ahora demostraría con qué facilidad y brillantez manejaba el pincel, anteriormente solo empleado en plasmar groseros rasgos de modelos toscos, rígidas piezas antiguas y copias de algún clásico. Ya imaginaba la creación que obtendría de aquella suavísima carita.

—¿Sabe usted? —dijo la señora, con una expresión casi conmovedora—, ahora lleva un vestido que…, francamente, no quisiera que saliera con ese vestido, al que estamos tan habituados…, quisiera que la representase vestida con sencillez, sentada a la sombra de un árbol, contemplando los campos y, a lo lejos, unos rebaños, o un bosque… Que no dé la impresión de que va a un baile o a una velada de sociedad.

Nuestros bailes, se lo confieso, dañan tanto el espíritu, que acaban con los últimos vestigios de nuestros sentimientos…, sencillez, cuanto más sencillo, mejor.

Por cierto, las caras de madre e hija mostraban que no se perdían uno solo de aquellos bailes; por eso tenían el color de la cera.

Chartkov puso mano a la obra. Acomodó a la modelo, reflexionó un instante y, tras haber tomado mentalmente sus puntos de referencia, con el pincel describió en el aire una voluta; entornó un ojo, echó el cuerpo hacia atrás, observó de lejos y… en una hora tenía acabado el perfil. Contento del resultado, se puso a pintar absorbido por el trabajo. Se olvidó de todo, incluso de que se hallaba en presencia de damas aristocráticas, y en ocasiones puso de manifiesto sus modales de pintor emitiendo distintos sonidos, canturreando, como suelen hacer los artistas enfrascados en él trabajo. Sin ningún miramiento, hacía un ademán con el pincel cuando quería que levantara la cabeza la modelo, que finalmente comenzó a moverse, a mostrar fatiga…

—Basta, por ser la primera vez, es suficiente —dijo la señora.

—Un poquito más —pidió, absorto en su trabajo, el pintor.

—¡No, ya es hora! ¡Lise, son las tres! —dijo la madre. Sacó entonces un diminuto reloj que llevaba colgado del cinturón con una cadena de oro y gritó—: ¡Qué tarde es!

—Un momento nada más —insistió Chartkov con la voz sincera y suplicante del niño.

Pero, al parecer, la señora no estaba dispuesta a satisfacer ese día sus exigencias artísticas, si bien prometió, que en la vez siguiente se quedarían más tiempo.

“Qué lástima —pensó Chartkov para sí—. Ahora que la mano iba adquiriendo soltura…”

Y recordó que, cuando trabajaba en su taller de la Isla Vasilev no le interrumpía nadie: Nikita podía permanecer en la misma postura cuanto tiempo quisiera, y él pintarle a voluntad; incluso se dormía en la postura que le mandara adoptar. Disgustado, Chartkov dejó pincel y paleta sobre la silla y consideró con aire vago el lienzo.

Los elogios que le dedicó la dama le sacaron de su ensimismamiento. Apresuróse a acompañar a sus visitantes hasta la puerta; ya en la escalera, le invitaron a comer, la semana próxima, en su casa.

Regresó risueño a la habitación. La aristocrática dama le había seducido por completo. Hasta ese momento, aquellos seres habían sido inaccesibles para él, como nacidos únicamente para pasar en una suntuosa carroza, con lacayos de librea y un elegante cochero, lanzando alguna mirada indiferente al desdichado peatón que camina envuelto en su raída capa. Y he aquí que uno de aquellos seres entraba en su estudio, le encargaba un retrato, le invitaban a comer. Exultante de satisfacción, decidió regalarse con una opípara comida, un espectáculo nocturno y un paseo en coche por la ciudad, sin rumbo fijo.

En todos aquellos días ni siquiera fue capaz de pensar en el trabajo cotidiano. No hizo otra cosa que esperar el instante en que sonara el timbre. Por fin, la aristócrata se presentó con su pálida hija. Las acomodo, acercó el caballete y comenzó a pintar, pero ahora con pretensiones y modales mundanos. El día de sol y la buena luz le ayudaron mucho. En su distinguida modelo logró captar numerosos detalles que, trasladados a la tela, podían dar gran relevancia al retrato. Vio que, si asimilaba la naturaleza con la perfección con que ahora se revelaba el original, podría conseguir algo fuera de lo común. El corazón le palpitó con fuerza cuando se dio cuenta de que lograría expresar lo que otros habían pasado por alto. Absorbido por el trabajo, se sumergió por entero en la pintura, olvidando de nuevo la procedencia aristocrática de su modelo. Contenida la respiración, veía aparecer los ligeros trazos y la figura casi transparente de aquella criatura de diecisiete años. Captaba todos los matices de la retratada: el tenue color amarillento, las apenas insinuadas ojeras. Cuando ya se disponía a plasmar un pequeño grano que la joven tenía en la frente, oyó sobre sí la voz de la madre.

—Eso ¿para qué? Eso está de más —dijo la señora—. Por otra parte… mire, en algunos sitios el color resulta un poco amarillento, y también hay como unas manchas oscuras.

El pintor intentó explicarle que aquellas manchas y aquel tono amarillo armonizaban muy bien y eran lo que daba a la cara aquel aspecto atractivo, ligero. Pero se le objetó que aquello no daba ninguna ligereza y que no armonizaba en absoluto; que eran, todo, imaginaciones suyas.

—Pero permítame poner aquí, solo en este sitio, un toque de amarillo —solicitó ingenuo el pintor.

No se lo permitieron. Se le hizo saber que ese día Lise estaba un poco indispuesta, que su cutis, lejos de ser amarillo, llamaba atención por la frescura de su color.

Afligido, comenzó a borrar lo que el pincel le había obligado a plasmar en el lienzo. Desaparecieron muchos detalles apenas perceptibles, y con ellos se desvaneció una parte del parecido.

Desilusionado, recurrió a esos matices comunes que convierten las caras, incluso las retratadas del natural, en bocetos fríos y perfectos, como los que pintan los alumnos. Pero la dama se quedó muy satisfecha cuando el hiriente color desapareció por completo. Únicamente le asombró que el trabajo durara tanto, pues tenía oído que dos sesiones eran suficiente para acabar un retrato. El pintor no supo qué responder. Las damas se levantaron, dispuestas a marchar. Él dejó los pinceles, las acompañó hasta la puerta y, después, ofuscado, permaneció largo tiempo ante el retrato. Mientras lo observaba con expresión estúpida, reproducía en la imaginación aquellos ligeros rasgos femeninos, aquellos matices y tonos etéreos que, captados por él, su pincel había destruido implacablemente.

Lleno aún de esas impresiones, apartó el retrato y buscó una cabeza de Psique que, solo esbozada en el lienzo, había abandonado inconclusa. Dibujada con destreza, resultaba, sin embargo, idealizada, fría, hecha, toda ella, de lugares comunes, que no había llegado a adquirir la calidad de la carne viva. Sin mejor cosa que hacer, se puso a retocar el retrato traspasando a él todo lo que había descubierto en el rostro de la joven aristócrata. Los rasgos, matices y tonos captados, los trasladaba depurados, como nos los ofrece el pintor que, observando la naturaleza, después se aparta de ella para reproducir su equivalente en el lienzo. Psique cobraba vida, y la idea, apenas insinuada, adquiría el carácter de un cuerpo real. La cara de la joven aristocrática fue involuntariamente transferida a Psique, la cual adquirió esa singular expresión que distingue a la obra verdaderamente original. Era como si a base de las partes Chartkov hubiera conseguido la integridad del original. Apasionado por su nueva obra, durante varios días no se ocupó de otra cosa. Precisamente estaba en ello cuando, sorprendido por sus nuevas clientes, no tuvo tiempo de retirar del caballete el cuadro.

Las dos damas lanzaron un alegre grito de asombro, batieron palmas.

—¡Lise! ¡Lise! ¡Qué parecida has salido! *Superbe! Superbe!* Su idea de ponerle un vestido griego es excelente. ¡Vaya sorpresa!

El pintor no sabía cómo sacar a las damas de su lisonjero engaño. Avergonzado y con la cabeza baja, musitó:

—Es Psique.

—¿Vestida de Psique? *C'est charmant!* —dijo sonriente la madre— . ¿Verdad, Lise, que te favorece mucho el vestido de Psique? *Quelle idée délicieuse!* ¡Qué arte! Un auténtico Correggio. Había leído y oído hablar de usted, pero reconozco que no le imaginaba tanto talento. No, usted tiene que pintar mi retrato, sin falta.

Probablemente, también la señora quería aparecer en imagen de Psique.

"¿Qué hacer con ellas? —pensó el pintor—. Pero, ya que se empeñan, que se pliegue Psique a lo que de ella exigen". Y en voz alta dijo:

—Tengan la bondad de sentarse un poco. Quisiera hacer unos pequeños retoques.

—Ay, temo que, sin querer, vaya usted a… Había quedado tan parecida…

Comprendiendo que lo que ella temía era el tono amarillento, Chartkov las tranquilizó diciendo que solo quería dar más brillo y expresión a los ojos. La realidad era que, avergonzado, pretendía aumentar un poco el parecido con el original, para que nadie le reprochara su descaro. Efectivamente, los rasgos de la pálida muchacha comenzaron a revelarse más claramente en la fisonomía de Psique.

—¡Basta ya! —intervino la madre, que comenzaba a temer un parecido excesivo.

El pintor recibió todos los premios imaginables: sonrisas, dinero, halagos, efusivos apretones de manos e invitaciones a comer; en una palabra, mil recompensas, a cuál más agradable.

El retrato armó revuelo en la ciudad. La señora lo mostró a sus amigas; todos se asombraban del arte con que el pintor había logrado conservar el parecido y a la vez conferir belleza al original. Esta última observación se hacía, claro está, con un ligero sonrojo de envidia. De pronto, el pintor se vio agobiado de encargos. Toda la ciudad parecía empeñada en hacerse retratar por él. A su puerta no cesaba de sonar el timbre. Esto tenía su lado bueno, pues pintar tantas caras de gente tan variada enriquecía su experiencia. Pero, para su desdicha, era gente inconstante, que siempre andaba con prisas, o que pertenecía a la alta sociedad, y por tanto, estaba más ocupada que nadie y mostraba extrema impaciencia. Todos querían ser retratados bien y pronto.

El pintor vio que acabar las obras era de todo punto imposible; que, en tales circunstancias, sobre todo necesitaba pintar rápido y con soltura.

Captar únicamente el conjunto, la expresión más común, procurando no entrar en elucubraciones espirituales; en resumen, que le era imposible profundizar en su modelo. Por otra parte, casi todos los clientes tenían sus exigencias particulares. Las damas pedían que el retrato revelara, sobre todo, su espiritualidad y carácter; que en todo lo demás no fuera excesivamente fiel; que limara aristas, suavizara las imperfecciones y, mejor aún, se olvidara de ellas. En una palabra, que quien mirara el retrato se sintiera atraído e, incluso, enamorado. Para ello, cuando posaban, a veces adoptaban gestos que pasmaban al pintor: una ponía cara de melancolía; otra, de romántica; la tercera, empeñada en salir con una boquita pequeña, la achicaba tanto, que, al fin, la convertía en un punto no mayor que la cabeza de un alfiler. Y, pese a todo eso, querían salir parecidas y naturales. Tampoco los hombres eran mejores. Uno exigía un perfil duro y enérgico; otro, que se viese inspiración en sus ojos alzados; un teniente de la guardia se empeñaba en que su mirada reflejase a Marte; un alto funcionario quería para sí una expresión de sinceridad y nobleza, y que la mano apareciese apoyada en un libro en que se leyese claramente: "Paladín dé la verdad".

Al comienzo, cuando oía tales exigencias, el pintor temblaba: eran cosas que requerían imaginación y meditación, mientras que los plazos que le daban eran pequeños. Finalmente dio con la clave del asunto y ya no experimentó más dificultades. Dos o tres palabras le bastaban para saber cómo quería verse el retratado. Al que quería ser Marte le estampaba a Marte en la cara; al que se las daba de Byron, le colocaba en una postura y en un escorzo byronianos. Ante las damas que querían ser Corina, Ondina, Aspasia, accedía complaciente y por cuenta propia agregaba una considerable prestancia de figura que nunca está de más y hace que al pintor se le perdone incluso la falta de parecido. Pronto él mismo comenzó a asombrarse de la rapidez y agilidad de su pincel. Los retratados, huelga decir, estaban encantadísimos y proclamaban que era un genio.

Chartkov se convirtió en pintor de moda. Se dedicó al visiteo; acompañaba a las damas, a las galerías de arte, e incluso a pasear; comenzó a vestir con elegancia y a afirmar en voz alta que el pintor tiene que ser hombre mundano, que debe cuidar su prestigio, que los pintores visten como zapateros, no saben comportarse, no se mantienen a la altura de las circunstancias y carecen de toda cultura. En su casa y en el taller, llevó la pulcritud y la limpieza a sus cotas más elevadas; contrató a dos lacayos de excelente presencia; se hizo con alumnos de la alta sociedad; cambiaba de ropa de calle varias veces al día; se rizaba el pelo; estudió las reglas de la buena sociedad, para recibir a los visitantes; recurrió a todos los medios para mejorar su aspecto exterior y, así, causar grata impresión a las damas; en una palabra, pronto se hizo imposible reconocer en él al modesto pintor que, desconocido, trabajaba en su cuchitril de la Isla Vasilev.

Ahora sus juicios sobre los pintores y el arte eran tajantes; afirmaba que los pintores de antes estaban sobrevalorados, que todos, hasta la aparición de Rafael, no pintaban personajes, sino arenques; que la celebridad de sus obras era imaginación del espectador; que el propio Rafael no siempre pintó bien, y que muchas de sus obras son famosas por la leyenda que las rodea; que Miguel Ángel era un fanfarrón, porque solo pretendía demostrar que conocía la anatomía, carecía de gracia y que el auténtico arte, la energía y el colorido en la pintura había que buscarlos en los pintores de aquel momento. Aquí, naturalmente, y de manera espontánea, el tema se orientaba hacia él. "No, no comprendo —decía— cómo algunos se pasan sentados horas ante el caballete, derrochando sudor. Al que consume varios meses dándole vueltas a un mismo cuadro, le tengo yo por un obrero, no por un pintor. Que no me vengan diciendo que ése tiene talento.

El pintor genial es valiente y rápido. Yo, por ejemplo —decía, dirigiéndose a las visitas—, este retrato lo hice en dos días; esta cabeza, en uno solo; esa otra, en unas horas; y esto, en poco más de una hora. No, no… yo, hablando con franqueza, no llamo arte a lo que se va haciendo punto por punto; será artesanía, pero no arte".

Así hablaba a sus visitantes, y éstos quedaban admirados de la fuerza y la agilidad de su pincel. Incluso lanzaban exclamaciones, oyendo la rapidez con que había pintado, y después lo transmitían a los demás: "¡Es un talento, un auténtico talento! ¡Fíjese cómo habla, cómo le brillan los ojos! *Il y a quelque chose d'extraordinaire dans toute sa figure*!"

El pintor se sentía halagado oyendo tales cosas sobre sí. Cuando, en una revista, aparecía un artículo laudatorio, se ponía contento como un niño, aunque hubiera costeado las loas con su dinero. Llevaba el periódico a todas partes, para mostrarlo, como por casualidad, a sus conocidos y amigos, y se pavoneaba con una ingenuidad cándida. Su fama crecía, el trabajo y los encargos aumentaban.

Empezó a cansarle, sin embargo, siempre los mismos retratos, las mismas caras, en posturas y escorzos que se sabía desmemoria. Ahora los pintaba con desgana, limitándose a esbozar a la buena de Dios la cabeza; lo demás lo daba a terminar a los alumnos. Si antes procuraba hallar alguna postura nueva, asombrar con un detalle enérgico, con un efecto, ahora también eso le aburría. Su mente estaba cansada de inventar y de pensar. Ya no tenía ni fuerzas ni tiempo para ello: la vida disipada y la sociedad, donde intentaba hacer el papel de mundano, todo eso le apartaba del trabajo y de las ideas. Su pincel se hizo más frío y vulgar, y, sin darse, cuenta se enclaustró en estereotipos siempre idénticos. Los rostros monótonos, fríos, siempre acicalados y como encorsetados, por así decirlo, de funcionarios, militares y civiles, no permitían dar expresión a su arte: estaba olvidando ya aquellos fondos magníficos, los trazos enérgicos, la pasión creadora. Hablar de conjuntos, de choques dramáticos, de temáticas, estaba fuera de la cuestión. Él solo tenía que vérselas con uniformes, corsés, fracs que helaban al pintor y apagaban su inspiración.

De sus obras habían desaparecido incluso las virtudes más elementales, no obstante lo cual seguían gozando de fama, aunque los verdaderos entendidos y los pintores se encogían de hombros contemplando las últimas obras de Chartkov. Los que habían conocido al antiguo Chartkov no lograban comprender qué se había hecho del talento, del que diera claras pruebas al iniciar su carrera, e intentaban descifrar, sin conseguirlo, las causas de la decadencia de un pintor recién llegado a la plenitud de sus fuerzas.

Pero la soberbia impedía al pintor oír tales comentarios. Estaba entrando en la madurez de la inteligencia y de la edad: comenzó a engordar y a ensancharse visiblemente. Los periódicos ya le denominaban "nuestro honorable Andréiy Petróvich", "nuestro emérito Andréiy Petróvich". Le proponían cargos honoríficos, le invitaban a participar en exámenes y en comités. Cernió fuera de esperar, con la madurez, comenzó a tomar partido por Rafael y por los viejos maestros, pero no porque estuviera plenamente convencido de su gran mérito, sino para motejar el trabajo de los jóvenes pintores. Ya comenzaba, como hacen todos al llegar a esa edad, a acusar a los jóvenes, sin distinción, de amorales y perversos.

Comenzaba a convencerse de que en el mundo todo se hace de manera espontánea, de que la inspiración sublime no existe y de que todo debe someterse a las rígidas reglas de la puntualidad y de la uniformidad. En una palabra, su vida ya se acercaba a la edad en que todo lo que significa ímpetu se contrae en el hombre, en que el poderoso arco del violín no llega al alma ni sonidos penetrantes envuelven el corazón, en que el contacto con la belleza no transforma las fuerzas vírgenes en fuego, en llama, sino que todos los sentimientos, quemados ya, se vuelven más sensibles al sonido del oro, prestan más oído a su música cautivadora, y, poco a poco, sin darse cuenta, se dejan adormecer por ella.

La fama no puede satisfacer a quien la ha robado sin merecerla; solo produce emoción en los corazones que son dignos de ella. Por eso, todos sus sentimientos y afanes se centraron en el oro. El oro se convirtió para él en ideal, pasión, temor, placer y objetivo. Los fajos de billetes se iban apilando en las arcas y, como siempre ocurre con todos los agraciados con tan terrible regalo, se tornó sombrío, sensible únicamente al dinero, tacaño sin motivo, ahorrador sin meta, y ya estaba a punto de transformarse en uno de esos extraños seres que tanto abundan en nuestra sociedad apática, a quienes el hombre lleno de vida y de corazón observa con horror, pues se le antojan pétreos ataúdes móviles con un cadáver dentro, en lugar de corazón. Pero un acontecimiento produjo a Chartkov una fuerte conmoción y alteró toda su vida.

Un día encontró sobre la mesa una nota en la que la Academia de Artes le pedía, como a digno miembro de tal institución, que acudiese a juzgar la obra que acababa de enviar de Italia un pintor ruso que allí ampliaba sus estudios. Aquel pintor, antiguo compañero suyo, sentía, desde su edad más temprana, auténtica pasión por el arte, y al arte se había entregado, con el fervor del hombre laborioso, alejándose de los amigos, de los familiares, de las gratas costumbres y marchando adonde crece bajo el cielo el hermoso vergel del arte, a la maravillosa Roma, cuyo nombre hace palpitar con intensidad y fuerza el corazón vehemente del artista. Allí se entregó como un ermitaño a su trabajo y a sus estudios, que nada habría sido capaz de interrumpir. No le importaba que criticaran su carácter, su incapacidad para alternar, su olvido de los convencionalismos de sociedad, su torpe vestimenta, indigna de un artista. No le preocupaba en absoluto ser antipático a sus colegas.

Lo rechazó todo, lo entregó todo al arte. No se cansaba de recorrer los museos, se pasaba horas ante las obras de los grandes maestros, para atrapar y comprender el misterio de su asombroso arte. Nunca acababa un cuadro sin antes compararlo varias veces con estos grandes maestros y sin extraer de sus obras un consejo silencioso, pero elocuente. No intervenía en las discusiones y disputas ruidosas; no estaba ni a favor ni en contra de los puristas. A cada maestro daba lo que se merecía, aprendiendo de él únicamente lo que tenía de bello, y por último se quedó con el divino Rafael como único maestro, lo mismo que el gran poeta que, habiendo leído infinidad de obras abundantes en virtudes y bellezas, al fin adopta como único libro de cabecera La Ilíada de Homero, al descubrir que contiene cuanto ha estado buscando y que no hay nada que no haya sido plasmado en ella con el más profundo y sublime grado de perfección. En recompensa, a aquel joven pintor le enseñaron aquellos maestros la magna idea de la creación, la poderosa belleza del pensamiento, el encanto sublime de un pincel excelso.

Al entrar, Chartkov encontró la sala abarrotada de público congregado ante el cuadro. Un profundo silencio, que pocas veces se establece cuando los entendidos son numerosos, reinaba en el local. Se acercó al cuadro y se dispuso a adoptar la expresión conspicua del entendido. ¡Dios Santo, qué estaba viendo!

Pura, inmaculada, hermosa como una novia, aparecía ante él la obra del pintor. Modesta, divina, inocente y simple como el genio, se alzaba por encima de todo. Se hubiera dicho que, asombradas ante tantas miradas puestas en ellas, las celestiales figuras habían entornado, cohibidas, las bellas pestañas. Con un sentimiento involuntario, de admiración, los entendidos contemplaban la obra del nuevo y desconocido artista. Parecía que su pincel había asimilado por igual las enseñanzas de Rafael, que se reflejaban en la sublime nobleza de las posturas, y el magisterio de Correggio, plasmado en el perfecto colorido. Pero sobre todo resaltaba la fuerza creadora del propio pintor. Hasta el último detalle del cuadro estaba penetrado de ese espíritu. En todo se lograba esa vibrante flexibilidad de las líneas que ofrece la naturaleza y que, percibida solo por la mirada del artista, en el copista aparece angulosa. Se veía que todo lo extraído del mundo exterior del artista lo había llevado antes al alma, y de allí aquella fuente espiritual brotaba como un canto armonioso y solemne. Y a todos, incluso a los profanos, se hizo visible el abismo insondable que separa el arte creador de la simple copia de la naturaleza.

Es casi imposible describir el extraordinario silencio que involuntariamente se estableció en el público, que mantenía clavados los ojos en el cuadro: ni un susurro, ni un sonido. El lienzo, entretanto, parecía más enaltecido con cada momento, iba separándose de todo para surgir más bello y milagroso, hasta, finalmente, quedar sublimado en el fruto de ese instante de divina inspiración y del cual toda una vida humana es preludio. Lágrimas involuntarias estaban a punto de correr por los rostros de los espectadores. Parecía que todos los gustos, por más groseras que fuesen sus desviaciones, se hubiesen fundido en un mudo himno en honor a la excelsa obra.

Chartvok quedó inmóvil, boquiabierto; poco a poco el público y los entendidos comenzaron a susurrar comentando las virtudes del cuadro, hasta que, por fin, pidieron su opinión. Solo entonces volvió en sí; quiso adoptar una actitud indiferente, cotidiana, emitir uno de esos juicios triviales a que recurre el pintor insensible, algo así como: "Indudablemente, a ese pintor no se le puede negar el talento; tiene algo…, se ve que intentó expresar algo…, no obstante, y en lo tocante a lo esencial…" Para, a continuación, agregar las consabidas alabanzas que hacen más daño que un insulto. Lo intentó, pero la palabra murió en sus labios, y, por toda respuesta, prorrumpiendo en lágrimas y sollozos, huyó de la sala como un loco.

Por un momento permaneció inmóvil, insensible en mitad de su lujoso taller. Todo su ser, toda su vida había despertado en un instante, como si hubiera recobrado la juventud, como si las apagadas ascuas del talento se hubieran reavivado. De sus ojos había caído la venda. ¿Cómo pudo dilapidar de una manera tan despiadada los mejores años de su juventud; destruir, apagar la chispa del fuego que tal vez ardía aún en su pecho, que tal vez ahora habría podido dar origen a una obra sublime y hermosa, acaso capaz de hacer brotar lágrimas de admiración y gratitud, y malogrado todo, echarlo a perder sin compasión? En ese instante creyó renacidas las pasiones y los ímpetus de antaño. Tomó el pincel y se acercó al lienzo.

El esfuerzo hizo brotar el sudor en su cara. Tenía un solo deseo, una sola idea: pintar el ángel caído: la idea que mejor se correspondía con su estado de ánimo. Pero, ¡ay!, las figuras, las posturas, los grupos surgían forzados, sin gracia. Su pincel y su imaginación habían estado sometidos demasiado tiempo a un molde, y el ímpetu ya no alcanzaba a superar los límites y los marcos que él mismo había levantado y eran el motivo de las imperfecciones y los errores. Por desdén, había eludido la cansina y larga escalera de las primeras nociones y preceptos básicos que dan acceso al sublime porvenir. Lleno de despecho, mandó sacar del taller todas sus últimas obras, todos los cuadros inanimados, todos los retratos de húsares, damas aristocráticas y consejeros de Estado. Se encerró en su habitación, ordenó que no dejaran entrar a nadie y se entregó a su trabajo. Era la labor del joven paciente, del alumno. Pero lo que salía de su pincel era implacablemente ingrato. Por ignorancia de las leyes básicas, tenía que detenerse a cada paso. Una cosa tan simple, elemental como la rutina entibiaba su inspiración y se convertía en una traba para la imaginación.

El pincel volvía involuntariamente a las formas acostumbradas; las manos salían en idéntica disposición, la cabeza no osaba hacer un giro inusitado, los propios pliegues de la ropa retenían su movimiento, se resistían a adaptarse a desacostumbradas posturas del cuerpo. Y Chartkov no solo veía, sino que comprendía todo eso.

"¿Acaso tuve talento alguna vez? —se dijo finalmente^. ¿No estaría engañado?" Tras estas palabras, se acercó a las viejas obras pintadas con tanta generosidad, con tanto desinterés, allí en el mísero cuartucho de la lejana Isla Vasilev, apartando de la gente, de la abundancia y de todas las veleidades. Y, mientras las examinaba, rememoraba su miserable vida de otrora. "Sí —exclamó con desesperación—, yo tenía talento. En todas partes, en todo, se ven testimonios y pruebas…"

De pronto, comenzó a temblar todo él: sus ojos acababan de encontrarse con otros, que se clavaban en él. Era el extraordinario retrato que había comprado en el mercado Schukin. Oculto todo el tiempo, tapado por otros cuadros, había dejado de pensar en él. Y ahora, como hecho intencionadamente, sacados del taller todos los retratos y cuadros de moda que los abarrotaban, aquella tela emergía junto con las obras de su juventud. Y, al, recordar toda la extraordinaria historia, al recordar que aquel extraño retrato era, en parte, responsable de su transformación, que el tesoro llegado a sus manos de forma tan prodigiosa había desatado su vanidad y malogrado su talento, la rabia estaba a punto de apoderarse de su espíritu.

Mandó inmediatamente que retiraran el odioso retrato. Pero no recuperó el sosiego espiritual: todos sus sentimientos y todo su ser estaban conmocionados hasta lo más hondo y conoció el terrible tormento que, como extraña excepción, padecen a veces los talentos débiles que intentan expresarse por encima de sus posibilidades y no lo consiguen; el dolor que en el joven genera lo sublime, pero que en el que ha perdido sus ilusiones se vuelve sed estéril; el terrible suplicio que hace al hombre capaz de horrendos crímenes.

Sintió una envidia feroz, una envidia acompañada de la rabia. La amargura asomó a su cara ante el espectáculo de una obra marcada por el talento. Y mientras miraba el cuadro, hecho un basilisco, hacía rechinar los dientes. En su alma nació el más diabólico propósito que abrigara hombre alguno y, con una energía vehemente, se lanzó a ponerlo en práctica.

Comenzó a comprar lo mejor que producía el arte. Cuando compraba un cuadro, pagando por él un elevado precio, lo llevaba a su habitación y se lanzaba sobre él con la furia del tigre, lo rasgaba, lo cortaba en pedazos y los pisoteaba riendo de placer. Las incontables riquezas acumuladas le permitían satisfacer un deseo tan demoníaco. Desató todas sus sacas de oro y abrió sus arcas. Jamás un monstruo de la ignorancia destruyó tantas obras hermosas como destruyó ese furibundo vengador. En cuantas subastas se presentaba él, todos perdían la esperanza de adquirir una obra de arte. Se hubiera dicho que el cielo, furioso, había mandado al mundo un azote tan terrible para privarle de todo lo armonioso.

Esa horrible pasión le marcó con un color espantoso: a su cara siempre asomaba la bilis. El anatema contra el mundo y la negación se reflejaban sin rebozo en sus rasgos. Parecía la encarnación del horrible demonio que tan impecablemente describió Pushkin. Sus labios solo pronunciaban palabras venenosas, y eternas censuras. Aparecía en la calle semejante a una arpía, y quienes le avistaban, incluso sus conocidos, procuraban eludir el encuentro alegando que eso hubiera bastado para amargarles el día entero.

Para bien del mundo y del arte, aquella vida tan intensa y tan violenta no podía prolongarse mucho: la magnitud de las pasiones era excesiva para sus débiles fuerzas. Los accesos de rabia y de locura se fueron sucediendo cada vez con mayor frecuencia, hasta que, por fin, todo aquello degeneró en terrible enfermedad. Una cruel fiebre y una tisis galopante minaron su cuerpo de tal forma, que en tres días se volvió una sombra de sí mismo. A ello contribuyeron los síntomas de una demencia incurable. A veces, varias personas no se bastaban para sujetarlo. En sus pesadillas veía los ya olvidados, vivaces ojos del extraordinario retrato, y entonces su ira no tenía límites. Cuantos rodeaban su lecho se le antojaban terribles retratos. Y el retrato se doblaba, se cuadruplicaba a sus ojos; en todas, las paredes veía colgados retratos que clavaban en él sus ojos inmóviles y vivos. Los espantosos retratos le miraban desde el techo, desde el suelo; la habitación se ampliaba y se prolongaba hasta el infinito, para dar mayor cabida a aquellos ojos inmóviles…

El médico que le asistía, y que ya había oído algo de su extraña historia, se empeñó en hallar la relación oculta entre los fantasmas que veía el enfermo y las cosas reales de su vida, pero no tuvo tiempo para ello. El enfermo no comprendía ni sentía nada, fuera de sus padecimientos; lanzaba terribles alaridos y palabras incoherentes. Su vida se quebró por fin en un postrero y mudo ataqué de dolor. Su cadáver ofrecía un aspecto atroz. De sus enormes riquezas no se halló nada; pero ante los fragmentos de tantas obras de arte, cuyo precio ascendía a millones, se vio el horrible uso que había hecho de ellas.

II

Un sinfín de carrozas, coches y berlinas se agolpaba a la entrada del edificio en que se subastaban los bienes de uno de esos ricos aficionados al arte que se pasaron la vida dormitando entre Céfiros y Cupidos y que, sin buscarlo alcanzaron fama de mecenas y en ello invirtieron ingenuamente los millones amasados por sus prudentes padres e incluso por ellos mismos, con su propio esfuerzo. Como es notorio, hoy día no existen tales mecenas, en nuestro siglo XIX han sido sustituidos por la adusta fisonomía del banquero que goza de sus millones únicamente en forma de cifras sobre el papel.

En la larga sala se agolpaba el público más heterogéneo, dispuesto a lanzarse como aves de rapiña sobre el cadáver insepulto. Había aquí toda una flotilla de mercaderes rusos de los almacenes Gostiny, e incluso de los mercaderes al aire libre, con chaquetas de dril alemanas. Su aspecto y la expresión de sus caras era aquí más segura, más natural, sin la empalagosa obsequiosidad que en su tienda derrocha el mercader ruso ante el comprador. Aquí no respetaban jerarquías, pese a que en la sala había muchos aristócratas ante los cuales, de ser otro lugar, se hubieran mostrado dispuestos a barrer con sus reverencias el polvo que los otros traen en sus borceguíes. No: allí estaban completamente sosegados, palpaban sin remilgos los libros y los cuadros, para comprobar la calidad de la mercancía, y sin arredrarse sobrepujaban las ofertas de avezados condes.

Había allí muchos asiduos para quienes asistir a diario a las subastas era más imprescindible que desayunar; aristócratas entendidos que, sin más cosa que hacer entre doce y una, se consideraban obligados a aprovechar la ocasión de multiplicar sus colecciones; finalmente estaban los nobles señores de ropas y bolsillos raídos, que acuden todos los días desinteresadamente con el único propósito de ver en qué acaba la cosa, quién da más, quién menos, quién vence a quién y quién se lleva lo subastado.

Había muchos cuadros, dispuestos sin ningún orden; mezclados con ellos, muebles y libros con el escudo del anterior propietario, que tal vez no había tenido la loable curiosidad de abrirlos. Jarrones chinos, planchas de mármol para las mesas, muebles nuevos y viejos, de torneadas líneas, con grifos, esfinges y garras de león, dorados o sin dorar; arañas, quinqués… Apilado, sin el orden propio de una tienda, todo se ofrecía en artístico caos. En general una subasta nos causa una sensación deprimente: es lo más parecido a un cortejo fúnebre. Siempre se celebra en una sala lúgubre; las ventanas, abarrotadas de muebles y cuadros, apenas dejan pasar la luz; el silencio que se retrata en las caras y la voz fúnebre del subastador, que da golpes con el martillo, canta un responso a las pobres artes que de manera tan extraña se han juntado allí. Todo ello no hace sino reforzar la desagradable impresión.

La subasta parecía estar en su apogeo. Toda una muchedumbre rivalizaba en pujar. De todas partes salían las palabras: "un rublo, un rublo, un rublo", sin dar al subastador tiempo para repetir la cifra aumentada, que ya había sobrepasado cuatro veces el precio de salida. La concurrencia pujaba por un retrato que por fuerza había de llamar la atención de todo el que entendiera algo de pintura. No había duda de la gran calidad del pintor. El retrato, que parecía restaurado varias veces, representaba a un hombre asiático, moreno, con una vestimenta holgada y una rara expresión en el rostro; pero lo que más llamaba la atención del público eran los ojos, de una vivacidad extraordinaria. Cuanto más los miraba uno, tanto más parecían penetrar hasta el fondo de su alma. Esa singularidad, ese extraordinario escorzo del pintor, atraía la atención de casi todos. Muchos de los que comenzaron la puja se retiraban, porque el cuadro estaba alcanzando precios increíbles. Solo quedaban dos conocidos aristócratas, aficionados a la pintura, que no estaban dispuestos a renunciar a tal adquisición. Se hallaban excitados y probablemente habrían llevado la puja a lo imposible, si de pronto alguien de entre el público no hubiera dicho:

—Permítanme interrumpir la puja. Tal vez tenga yo más derecho que nadie a quedarme con ese retrato.

Con esas palabras acaparó inmediatamente la atención general. Era un hombre esbelto, de unos treinta y cinco años, de cabellera negra y rizosa. Su cara, agradable, de expresión serena, denotaba a un hombre ajeno a todas las conmociones mundanas que preocupaban a los demás. En su manera de vestir no había una sola concesión a la moda, todo en él revelaba al artista. Era, ni más ni menos, el pintor B., a quien muchos conocían.

—Aunque les extrañen mis palabras —continuó, al ver que toda la atención se centró en él—, si consienten en escuchar una pequeña historia, comprobarán mi derecho a pronunciarlas. Todo indica que éste es el retrato que busco.

Una curiosidad muy natural se despertó en todas las caras, y el propio subastador quedó boquiabierto y con el martillo en el aire, dispuesto, también él, a escuchar. Al comienzo del relato muchos sin poder evitarlo, ponían los ojos en el cuadro; pero, a medida que avanzaba la historia, fueron concentrándose únicamente en el narrador.

—Ustedes conocen la parte de la ciudad que llaman Kolomna —comenzó—. Allí todo se diferencia de los demás barrios de Petersburgo; no es ni capital ni provincia; cuando se adentra, en las calles de Kolomna, tiene uno la impresión de haber perdido tolos los deseos e ilusiones juveniles. Allí no se asoma el porvenir: todo es silencio y retiro; es que allí se remansa el ajetreo de la capital. Hacía ese barrio se mudan los funcionarios jubilados, las viudas, la gente pobre que ha tenido que vérselas con el Senado y que por filio se han condenado a vivir allí casi toda su vida; cocineros retirados que se pasan el día en el mercado, que charlan de tonterías con el dependiente de la cacharrería y que todos los días compran cinco kopeks de café y cuatro de azúcar; y, finalmente, toda esa clase de personas a quienes cabría dar el nombre genérico de cenicientos; gente suyo vestido, rostro, pelo y ojos ofrecen un aspecto apagado, gris, como esos días en los que en el cielo no hay tormenta ni sol, sino algo que no es ni lo uno ni lo otro: la bruma desciende y en ella los objetos se vuelven imprecisos.

En ese grupo se pueden incluir a empleados de los teatros, a consejeros titulares jubilados, los hombres de armas retirados con un ojo de menos y un labio partido. Es gente privada de pasiones; camina sin reparar en nada y calla sin pensar en cosa alguna. En sus casas no abundan los bienes; a veces no tienen más que una botella de la más simple vodka rusa, que liban monótonamente durante todo el día sin que se les suba a la cabeza, con lo que se evitan esos fuertes mareos que produce tomarla de un golpe, como suelen hacerlo los domingos los jóvenes artesanos alemanes, hombres bragados de la calle Meshchánskaya, dueños y señores de toda la acera después de la medianoche.

"La vida en Kolonma es terriblemente solitaria. Rara vez aparece un carruaje, como no sea el que transporta a actores, que, con su estruendoso traqueteo, se basta, él solo, para quebrar el profundo silencio. Todos allí son viandantes; si pasa un coche, con frecuencia lo hará sin pasajeros, acarreando heno para su cernejuda caballería. Pueden alquilarse allí habitaciones por cinco rublos al mes, incluso el desayuno. Las viudas que reciben pensión constituyen la aristocracia de ese barrio; son de buena conducta, barren con frecuencia su habitación, hablan, con las amigas, de la carestía de la carne y del repollo; muchas de ellas tienen una hija joven —criatura silenciosa, muda, a veces bastante bonita—, un perro insoportable y un reloj de pared con un péndulo que produce un triste tictac. Luego vienen los actores, a quienes sus ingresos no les permite alejarse de Kolomna; gentes libres, como todo artista, viven para el placer. Sentados en bata, reparan una pistola, reparan, con cartón, toda suerte de útiles domésticos, juegan a las damas o a las cartas con un amigo que les visita y así pasan la mañana, repitiendo casi lo mismo, por la tarde, con la inclusión de un ponche. Tras estos magnates y aristócratas figuran los pelagatos.

Enumerarlos sería tan difícil como contar los bichos en el vinagre rancio. Hay viejas que rezan, viejas que se emborrachan, viejas que rezan y se emborrachan, viejas que viven Dios sabe de qué milagros, hormigas que acarrean trapos y ropa vieja desde el puente Kalinkin hasta el mercado al aire libre, por lo que sacan quince kopeks; en una palabra, suele ser lo más desdichado de la humanidad, seres cuya situación ningún bien intencionado especialista en economía política ha hallado la manera de mejorar. Los he enumerado únicamente para demostrarles que, necesitada de una ayuda provisional, urgente, esa gente recurre con mucha frecuencia a los préstamos; por eso entre ellos anidan unos usureros muy especiales, que les suministran pequeñas sumas con intereses muy elevados. Esos pequeños usureros suelen ser mucho más insensibles que los grandes, porque se instalan entre una pobreza y entre unos andrajos que saltan a la vista, algo que el usurero rico no ve, pues sus clientes acuden en coche. Por eso muere tan pronto en aquéllos todo sentimiento humano.

"Entre esos usureros había uno… pero creo oportuno decir que la historia que quiero referirles ocurrió el siglo pasado, bajo el reinado de la difunta emperatriz Catalina Segunda. Como imaginarán, desde entonces tanto el aspecto de Kolomna como su vida interior han cambiado mucho. Así pues, entre aquellos usureros había uno, un personaje descollante en todos los sentidos que llevaba mucho tiempo viviendo en esa parte de la ciudad. Vestía un holgado traje asiático; su tez morena hablaba de su procedencia meridional; pero nadie habría podido decir a ciencia cierta a qué nacionalidad pertenecía: si era hindú, griego o persa. Su elevada estatura, casi extraordinaria, su cara oscura, enjuta, tostada, de un color indefinido y sobrecogedor, sus ojos, grandes y ardientes, y las cejas, muy pobladas, le distinguían de manera neta y viva de los demás cenicientos habitantes de la capital. Tampoco su casa se parecía a las demás casuchas de madera. La suya era de fábrica, semejante a las que tan pródigamente levantaron otrora los mercaderes genoveses: con ventanas de forma irregular y de diferentes tamaños, con contraventanas de hierro y trancas.

Este usurero se diferenciaba de los demás porque podía facilitar cualquier suma a quienquiera, desde a la anciana mísera al aristócrata manirroto. Ante su casa paraban con frecuencia carruajes suntuosos, de cuyas ventanillas asomaba, a veces, la cabeza de una elegante dama. Los rumores como es habitual afirman que, pese a tener sus arcas de hierro repletas de incontables sumas de dinero, alhajas, brillantes y todo lo que le dejaban en prendas, no era ambicioso como otros usureros. Siempre estaba dispuesto a prestar dinero, concediendo, a lo que parecía, plazos de devolución muy favorables. Pero, por irnos extraños cálculos aritméticos, los intereses alcanzaban sumas inmensas. Por lo menos, eso se rumoreaba. Pero lo más raro, y lo que tenía asombrados a muchos, era la extraña suerte de los que recibían de él dinero: todos acababan su vida de una manera trágica, aunque nunca llegó a saberse si esto eran habladurías estúpidas o bulos que alguien difundía interesadamente.

Pero algunos casos concretos, ocurridos en un corto período de tiempo y a la vista de todos, por fuerza tenían que causar extrañeza.

"Entre la aristocracia de entonces llamó pronto la atención un muchacho de una de las mejores familias, que, en plena juventud, destacaba ya por sus servicios al Estado; entusiasta partidario de todo lo auténtico y sublime, protector de cuanto crean el arte y la inteligencia humana, en él se advertía ya un mecenas. Pronto sus méritos fueron recompensados por la Emperatriz, que le asignó un puesto importante que colmaba todas sus aspiraciones y desde el cual podía contribuir al progreso de las ciencias y del bien común.

El joven aristócrata se rodeó de pintores, poetas y científicos. Estaba empeñado en impulsarlo y alentarlo todo. Costeó muchas edificaciones útiles, encargó muchas obras, creó premios estimulantes, gastó en ello un montón de dinero, hasta que se arruino. Pero, movido por intenciones generosas, y no queriendo abandonar su empresa, tuvo que recurrir al citado usurero. Y, aunque obtuvo un considerable préstamo, en muy poco tiempo cambió por completo: comenzó a perseguir y a fustigar a los sabios y a los talentos que despuntaban, en cada obra veía solo los lados negativos, hacía interpretaciones tergiversadas de cada palabra. Fue la época en que desdichadamente se produjo la revolución francesa. Ello le sirvió de excelente pretexto para incurrir en toda clase de felonías.

En todo comenzó a ver designios revolucionarios y subversión. Se volvió tan desconfiado, que acabó desconfiando de sí mismo, hizo denuncias terribles e injustas y causó mucho mal. Naturalmente, estos actos tenían, por fin, que llegar a oídos de la soberana. La generosa Emperatriz se horrorizó, y, con gran nobleza de espíritu, que es adorno de las testas coronadas, dijo unas palabras que no han llegado con rigurosa literalidad, pero cuyo sentido profundo caló muy hondo en muchos. La soberana manifestó que la monarquía no reprime los impulsos generosos y nobles del alma, que no menosprecia ni persigue las creaciones del intelecto, de la poesía y del arte; que, por el contrario, los monarcas han sido sus únicos protectores, que los Shakespeare, Moliere florecieron bajo su generosa protección, mientras que para Dante no había sitio en su patria republicana; que los genios auténticos surgen con el esplendor y el poderío de los monarcas y de los Estados, y no con los abominables acontecimientos políticos y los terrorismos republicanos, que hasta hoy no han dado al mundo un solo poeta; que es preciso premiar a los poetas creadores, porque ellos llevan al alma la paz y el hermoso sosiego, no la agitación ni la protesta; que los sabios, los poetas y todos los artistas son gemas en la corona imperial, ornato y gala del reinado de un gran soberano. Baste decir que pronunciando esas palabras, la Emperatriz irradiaba divina hermosura. Recuerdo que los ancianos no podían hablar de ello sin que en sus ojos apareciesen las lágrimas. Todos se sentían partícipes de aquello. En honor de nuestro orgullo nacional, es justo reconocer que en el corazón del ruso siempre anida el hermoso afán de ponerse al lado del oprimido. El aristócrata que defraudó la confianza depositada en él recibió un castigo ejemplar y fue destituido. Pero mayor aún fue el castigo que leyó en los rostros de sus compatriotas. Era el desprecio decidido y unánime. Es imposible referir cómo padecía aquel espíritu arrogante; la soberbia, la vanidad frustrada, la esperanza perdida coincidieron en un solo momento y, en un arrebato de locura y, de rabia, puso fin a su vida.

Otro hecho desconcertante se produjo también a la vista de todos: de todas las bellezas, en las que entonces era pródiga nuestra capital norteña, una descollaba decididamente sobre los demás. En ella se había producido una maravillosa unión de la belleza que da nuestro porte y la meridional: una gema como pocas veces se producen. Mi padre decía que en su vida no había visto nada comparable a ella. Lo tenía todo: riqueza, inteligencia y grandeza espiritual. Sus pretendientes formaban muchedumbres; entre ellos destacaba el príncipe R., el más noble y mejor de los jóvenes, hermoso de cara y de impulsos caballerescos y generosos, el ideal sublime de las novelas y de las mujeres, un Grandisson, en todos los aspectos. El príncipe R. estaba locamente enamorado de ella y era correspondido de igual manera. Pero los familiares de la joven no lo consideraban buen partido: había perdido su patrimonio, su apellido no gozaba del favor de la corte y su precaria situación era conocida de todos. De pronto el príncipe abandonó temporalmente la capital, con el pretexto, de sanear su economía, y, poco después, reapareció rodeado de un boato y de un lujo increíbles. Sus fastuosos bailes y fiestas le hicieron famoso en la corte. El padre de la bella se mostró mejor dispuesto y en la ciudad se celebró una boda interesantísima.

El cambio y la inusitada prosperidad del novio era algo que nadie habría logrado explicar, si bien se rumoreaba que había aceptado ciertas condiciones a cambio de un préstamo concedido por un insólito usurero. Comoquiera que fuere, de la boda habló toda la ciudad. Los novios eran objeto de la envidia general. Todos conocían su amor apasionado y fiel, la larga espera y las grandes cualidades de ambos. Las mujeres apasionadas se imaginaban de antemano la paradisíaca felicidad de que disfrutaría la joven pareja. Pero el desenlace fue muy distinto. En un año el marido registró un terrible cambio. El veneno de los celos suspicaces, la intransigencia y los continuos caprichos emponzoñaron su hasta entonces excelente carácter. Se convirtió en tirano y torturador de su mujer y llegó a los actos más inhumanos, algo que jamás habría sospechado nadie, e incluso a los malos tratos. Pasado un año, nadie habría logrado reconocer a la mujer que hacía tan poco brillaba y arrastraba tras de sí a una muchedumbre de rendidos adoradores. Finalmente, no pudiendo soportar más tan terrible destino, ella habló de separación. La sola idea de ello enfureció al marido. En un arrebato de rabia, entró con un cuchillo en la habitación de su esposa, a quien habría asesinado, de no ser sujetado a tiempo. Entonces, arrastrado por la cólera y la desesperación, volvió el arma contra sí mismo y puso fin a su vida en una horrible agonía.

Además de estos dos ejemplos, de los que fue testigo toda la sociedad, se hablaba de muchos otros, acaecidos entre gente de clase inferior, casi todos de trágico final. Un hombre sobrio y honrado se volvía un borracho; un dependiente de comercio robaba a su dueño; un cochero que llevaba varios años realizando honestamente su trabajo, mataba por unos kopeks al pasajero. Estos sucesos, que los relatos siempre exageraban algo, por fuerza tenían que asustar a los humildes habitantes de Kolomna. Nadie dudaba de que aquel prestamista era portador de una fuerza maligna. Se decía que las condiciones a que sujetaba sus préstamos ponían los pelos de punta, pero el desdichado solicitante no osaba revelarlas a nadie; afirmaban que su dinero tenía propiedades magnéticas, que se ponía al rojo vivo inexplicablemente y que llevaba unos signos extraños… En una palabra, se propalaban bulos a cuál más descabellado. Lo más curioso es que teda esa población dé Kolomna, todo ese mundo de macilentas ancianas, de pequeños funcionarios, de pobres artistas, en una palabra todos los pelagatos a los que he aludido, preferían aguantar y conocer los mayores rigores, antes que recurrir al terrible usurero; se hallaron incluso, muertas de inanición, ancianas que habían preferido perder la vida, antes que condenarse el alma.

Quienes tropezaban con él en la calle sentían un miedo instintivo. El viandante retrocedía con cautela, y después volvía durante mucho tiempo la cabeza, para comprobar que la gigantesca silueta desaparecía a los lejos. Tanto había de extraordinario en su aspecto, que todo el mundo le atribuía dotes sobrenaturales. Aquellos rasgos enérgicos, tan excepcionalmente acentuados; aquella tez retostada, aquellas cejas pobladísimas, y los ojos, irresistibles, aterradores, como incluso los amplios pliegues de su vestimenta asiática, todo parecía indicar que las pasiones que animaban aquel cuerpo hacían palidecer las de los demás humanos. Mi padre, cuando se cruzaba con él, se detenía en seco y exclamaba: "¡Es un diablo, un auténtico diablo!". Pero urge que les dé a conocer a mi padre, que, por cierto, es el verdadero protagonista de esta historia.

Mi padre era una persona notable en muchos aspectos. Era un pintor excepcional, uno de esos fenómenos que solo puede alumbrar el vientre virginal de Rusia, un pintor autodidacta, sin maestros, sin escuelas, que halló en su alma sus propias leyes y reglas, con el afán de la perfección como único incentivo, y que, por razones que quizá ni él mismo sabía, marchó únicamente por el camino que su alma le señalaba; era uno de esos prodigios naturales, que los contemporáneos a veces motejan con la insultante palabra de "profanos" y para los cuales los insultos y los propios reveses son acicate que les dan nuevos bríos para superar espiritualmente aquella obras por las que fueron tildados de profanos. Un elevado instinto interior le permitió descubrir en cada objeto la presencia de la idea; comprendió el verdadero sentido del término "pintura histórica"; comprendió por qué una simple cabeza, un simple retrato de Rafael, de Leonardo de Vinci, de Tiziano, de Correggio puede considerarse pintura histórica, y por qué un enorme cuadro de argumento histórico no pasará de tableau de genre, pese a todas las pretensiones del artista de haber hecho pintura histórica. Movido por un sentimiento interno y una convicción propia, se dedicó a los temas cristianos, la etapa superior y última de lo sublime.

No conocía la vanidad ni la irritación, cosa tan frecuente en muchos pintores. Era hombre de carácter firme, honesto y franco, incluso brusco, envuelto por una corteza bastante dura, con algo de arrogancia espiritual, y que, al hablar de la gente, se mostraba condescendiente y tajante a la vez. "¿Por qué debo hacerles caso —solía decir— si no trabajo para ellos? Mis cuadros no los colgaré en un salón: irán a una iglesia. El que me entienda me lo agradecerá, y el que no me entienda rezará, por lo menos, a Dios. No reprochemos al hombre mundano su ignorancia sobre la pintura; él sabe jugar a las cartas, distingue los buenos vinos, entiende de caballos. Un señor no necesita saber más. Peor sería que anduviera metiéndose en esto y aquello y dándoselas de sabio; eso, sí, es intolerable. Cada uno a lo suyo; que cada cual se ocupe de sus cosas. Prefiero al que confiesa abiertamente no entender de algo, al hipócrita que afirma saber lo que en realidad ignora y que solo es maestro en echar a perder las cosas". Cobraba poco por su trabajo, es decir que cobraba únicamente lo justo para mantener a su familia y sacar adelante su trabajo. Además, nunca se negaba a echar una mano a un pintor pobre, ni a ayudar al prójimo; su fe era la fe sencilla y piadosa de sus mayores, y tal vez eso explique por qué las caras pintadas por él tenían esa expresión elevada que no lograban los talentos brillantes. Finalmente, por su esfuerzo constante y su perseverancia en el camino elegido, se ganó el respeto de quienes le llamaban profano y pintor mediocre. Siempre tenía encargo de alguna iglesia, nunca estaba desocupado. Uno de aquellos encargos le absorbió por completo. Ya no recuerdo el tema, solo que en el cuadro debía figurar el espíritu de las tinieblas. Estuvo mucho tiempo pensando en su aspecto; quería que en su rostro apareciera todo lo que agobia y sojuzga al hombre. Estando en esas reflexiones, en más de una ocasión imaginó al misterioso usurero y pensó involuntariamente: "Ese sería un buen modelo para representar al diablo". Imaginen su asombro cuando un día, estando en su taller, oyó llamar a la puerta y a continuación entró el terrible prestamista. Mi padre no pudo contener un estremecimiento interno que recorrió todo su cuerpo.

"—¿Eres pintor? —preguntó sin rodeos a mi padre.

"—Sí, lo soy —dijo él extrañado, a la espera de lo que fuese a suceder.

"—Bien, pues hazme un retrato. Acaso muera pronto, y, no teniendo hijos, no quiero desaparecer del todo, quiero seguir vivo. ¿Puedes hacerme un retrato que me represente como si estuviese vivo?

Mi padre pensó: "¿Habría mejor ocasión? Él mismo me invita a qué le pinte como demonio de mi cuadro". Se lo prometió. Acordaron la fecha y el precio, y, al día siguiente, mi padre se presentó en su casa con la paleta. La verja alta, los perros, las puertas de hierro y los cerrojos, las ventanas arqueadas, lo cofres cubiertos con viejas alfombras y, finalmente, el dueño, tan extraordinario, sentado inmóvil ante él, todo esto le producía una sensación extraña. En las ventanas, como hecho adrede, se apilaban incontables objetos, de forma que la luz solo penetraba por la parte superior.

Diablos, qué bien cae la luz en su cara", pensó el pintor. Y comenzó su obra con avidez, como temiendo la desaparición de la luz adecuada. "¡Qué fuerza! —repitió para sí—; si logro captar aunque solo sea la mitad de su naturaleza, los santos y los ángeles del cuadro palidecerán a su lado. ¡Qué poder diabólico! Si soy fiel a la naturaleza, seguro que trascenderá del lienzo. ¡Qué rasgos tan extraordinarios!", reiteraba mientras crecía su pasión y veía cómo algunos de aquellos rasgos pasaban al lienzo. Pero cuanto mejor los captaba, tanto mayor era su sensación de agobio, de zozobra, algo que ni él mismo podía explicar. Pese a ello, se impuso la obligación de llevar al lienzo los pormenores y matices más imperceptibles con una fidelidad plena. Comenzó por los ojos. Aquellos ojos tenían tanta fuerza, que pintarlos tal y como eran en la realidad parecía empeño imposible. No obstante decidió, costara lo que costara, captar sus menores detalles y desentrañar, así, su secreto… Pero, apenas penetrar en ellos el pincel, sintió una aversión tan extraña, una angustia tan incomprensible, que en varias ocasiones tuvo que interrumpir el trabajo. Finalmente, incapaz de soportar aquello por más tiempo, sintió que aquellos ojos se le habían clavado en el alma y provocaban en ella una inquietud misteriosa. Según pasaban los días esa sensación iba en aumento. Sintió miedo. Abandonó el pincel y le dijo que no podía seguir pintándolo.

Aquella declaración transformó por completo al terrible usurero. Arrojándose a los pies de mi padre le suplicó que acabara el retrato, pues de él dependía su destino y su existencia en el mundo. Añadió que él ya había penetrado con su pincel en su esencia, y que, si transmitía fielmente sus rasgos, su vida, por una fuerza superior, perduraría en el cuadro y, de esa forma, él no moriría del todo; que necesitaba permanecer en el mundo. Al oír tales palabras, mi padre quedó horrorizado: le parecieron tan extrañas y tan terribles, que abandonando pincel y paleta, huyó de la habitación.

Lo ocurrido le tuvo preocupado todo el día y toda la noche, y, al día siguiente, recibió de parte del usurero el retrato, que le trajo su criada, el único ser que permanecía a su lado, diciendo que el dueño renunciaba al cuadro, que se lo devolvía y que no le pagaría nada.

Esa misma noche mi padre se enteró de que el usurero había muerto y que se disponían a enterrarle según los ritos de su religión. Todo esto le pareció muy extraño, y no le encontraba explicación.

Pero, a partir de ese día, el carácter de mi padre sufrió un cambio sustancial: una zozobra y una desazón, cuyas causas no acertaba a explicar, apoderóse de él; poco después cometió un hecho que había esperado de su persona: de un tiempo a aquella parte las obras de uno de sus discípulos comenzaban a llamar la atención del reducido grupo de entendidos y aficionados. Mi padre, que siempre había considerado aquel alumno dotado de talento, y que le mostraba una simpatía especial, de pronto comenzó a sentir envidia. Los comentarios y las conversaciones que suscitaba se le hicieron insoportables. Finalmente se enteró con disgusto de que a su alumno le habían encargado un retablo para una suntuosa iglesia en construcción; fue la gota que colmó el vaso. "¡No, jamás consentiré que triunfe un niñato! —decía—, es demasiado pronto, amiguito, para que aplastes en el lodo a los viejos. Gracias a Dios, aún me quedan fuerzas. Ya veremos quién aplasta a quién". Y aquel hombre recto y honrado urdió intrigas y estratagemas, cosas que tanto había detestado; por fin, logró que el cuadro para la iglesia saliera a concurso y que otros pintores pudieran acudir con sus obras. Después, encerrado en su cuarto, se puso a pintar con pasión. Parecía que en ello le fuera la vida. Justo es reconocer que aquélla fue una de sus mejores obras. Nadie dudaba que él sería el vencedor. Los cuadros fueron entregados; todos los demás eran, frente al suyo, lo que la noche frente al día. De pronto uno de los presentes, creo que un clérigo, hizo una observación que asombró a todos: "El cuadro revela, sin duda, un gran talento; pero en las caras no hay santidad; es más, los ojos tienen algo demoníaco, como si al pintor le inspiraran sentimientos impíos". Todos se fijaron en ello y se convencieron de que decía verdad. Mi padre se lanzó hacia el cuadro, como queriendo comprobar si era justa la humillante observación, y vio, con horror, que a casi todas las figuras les había pintado los ojos del usurero. Aquellos ojos le miraban con una fuerza tan demoníaca, que él mismo se estremeció involuntariamente.

El cuadro fue rechazado y mi padre escuchó con amargura cómo proclamaban vencedor a su alumno. Es imposible describir la rabia con que regresó a casa. Poco faltó para que pegara a mi madre, nos echó a los hijos, rompió los pinceles y el caballete, descolgó el cuadro del usurero, cogió un cuchillo y mandó encender la lumbre, dispuesto a despedazar el lienzo y quemarlo. En ese instante entró uno de sus amigos, pintor como él, hombre alegre, siempre en paz consigo mismo, que no se hacía grandes ilusiones, que trabajaba con alegría, y con más alegría aún comía y bebía.

"—¿Qué haces, qué vas a quemar? —preguntó y se acercó al retrato—. Hombre, pero si es una de tus mejores creaciones. El usurero que murió hace poco. Es una obra maestra. No le diste entre ceja y ceja, sino en los mismos ojos. Nunca en la vida unos ojos miraron como miran los suyos en ese cuadro.

"—Pues ahora veré cómo miran entre las llamas —dijo mi padre e hizo ademán de arrojar al fuego el retrato.

"—¡Por Dios, detente! —dijo el amigo y le retuvo—; si tanto te desagrada, dámelo a mí".

Mi padre se resistió al principio, pero luego accedió; muy satisfecho de su adquisición, aquel hombre alegre se llevó el retrato a casa.

Cuando hubo marchado, mi padre se serenó un tanto. Fue como si, con el retrato, le hubieran quitado un peso de encima. Y él mismo se asombró de que los malos sentimientos, envidia y la que hicieran presa en él, y del indudable cambio operado en su carácter. Tras un examen de su conducta, mi padre, apesadumbrado y lleno de íntimo dolor, dijo:

Ha sido un castigo de Dios; la derrota de mi cuadro fue oportuna. Yo pinté el cuadro para perder a un colega. El sentimiento demoníaco de la envidia guiaba mi pincel y ése sentimiento demoníaco tenía que reflejarse en la obra". Salió inmediatamente al encuentro de su antiguo discípulo, le dio un fuerte abrazo, le pidió perdón y en todo lo que pudo procuró reparar la injusticia. Su pintura retornó a sus cauces apacibles; pero se volvió más meditabundo. Rezaba con mayor frecuencia, callaba más y sus opiniones sobre la gente ya no eran tan tajantes; incluso su rudo aspecto se suavizó algo. Poco después ocurrió un hecho que le impresionó. Llevaba algún tiempo sin ver al compañero que le había pedido el retrato, y se disponía a visitarle, cuando aquél se presentó de pronto en su taller. Tras un intercambio de palabras y de preguntas, el otro dijo:

"—Por algo, amigo, querías quemar el retrato. El diablo se lo lleve, hay en él algo raro… Aunque no creo en las brujas, te aseguro que contiene una fuerza diabólica…

"—¿Cómo? —indagó mi padre.

"—Desde que lo colgué en la habitación, siento una angustia… como deseos de asesinar a alguien. Toda la vida había dormido bien, pero, de pronto, no solo conocí el insomnio, sino que sufrí pesadillas… aunque no sabría decirte si se trataba de sueños o si era el maldito anciano. En una palabra, no puedo contarte mi estado de ánimo. Jamás me había ocurrido nada igual. Todos estos días anduve como loco, sentía un miedo inexplicable, una angustiosa espera de algo. Me sentía incapaz de decir a nadie una sola palabra alegre y sincera; era como si tuviera a mi lado a un espía. Y solo después de regalar el retrato a mi sobrino, que me lo pidió insistentemente, logré quitarme de encima aquel peso. De pronto recuperé la alegría, como ves. ¡Menudo diablo pintaste, amigo!

Mi padre escuchó con una atención tensa ese relato, y, al final, preguntó:

"—Entonces ¿el retrato lo tiene ahora tu sobrino?

"—¡Qué va!, tampoco él pudo soportarlo —dijo aquel genio alegre—. Como que el espíritu del usurero se había metido en mi sobrino: se salía del marco, paseaba por la habitación…; mi sobrino cuenta cosas que no caben en la cabeza. Si no hubiera experimentado yo algo parecido, le habría tomado por loco. Vendió el retrato a un anticuario, que, incapaz también de sufrirlo, lo revendió a su vez.

El retrato impresionó a mi padre. A fuerza de cavilar, cayó en la hipocondría y acabó convencido de que su pincel había servido de instrumento al diablo, de que la vida del usurero se había trasplantado a aquel retrato que despertaba en la gente zozobra y afanes diabólicos, desorientaba a los pintores, provocaba terribles envidias y otras pasiones. Las tres desdichas que se produjeron después de esto, las tres muertes repentinas: de la esposa, de una hija y de un hijo de corta edad, las consideró un castigo del cielo y decidió abandonar el mundo. Cuando yo cumplí los nueve años me ingresó en la academia de artes, pagó las deudas y se retiró a un apartado monasterio, donde poco después tomaba los hábitos. Su vida de penitencia y su sometimiento pleno a todas las reglas allí vigentes asombró a la cofradía. El abad, al enterarse de que era pintor, le mandó ejecutar el que habría de ser icono principal de la iglesia. Pero el obediente hermano se empecinó en que no era digno de tomar el pincel, que su pincel estaba mancillado, que primero era preciso que, mediante trabajos y grandes sacrificios, purificase él su alma hasta ser digno de aquella obra. No quisieron forzarle a ello. Él mismo se imponía el máximo rigor de la vida monástica, que finalmente se le hizo poco severa. Con la bendición del abad se retiró a una ermita donde estuviera solo por completo. Allí, con ramas de árboles, levantó una capilla; se alimentaba únicamente de raíces crudas, transportaba1 piedras de un lugar a otro, permanecía de sol a sol en un mismo lugar, con los brazos extendidos y rezando sin cesar. En una palabra, se imponía las más rigurosas penitencias y esa inverosímil abnegación de la que solo hallamos ejemplo en las vidas de los santos. Así, mortificando su cuerpo, a la vez que lo vigorizaba con la fuerza vivificante de la oración, pasó mucho tiempo, varios años. Un día se presentó en el monasterio y dijo con firmeza al abad:

"—Ahora ya estoy dispuesto; si Dios lo quiere, realizaré mi obra.

Eligió el tema de la natividad de Jesús. Invirtió en pintarlo un año entero. No abandonaba su celda y se alimentaba con la mayor frugalidad y rezando continuamente. Al término del año el icono quedó acabado. Era como un milagro de la pintura. Conste que ni los monjes ni el abad eran grandes conocedores del arte, pero todos se mostraron asombrados ante la extraordinaria pureza de las imágenes. La resignación divina y la humildad del rostro de la purísima madre inclinada sobre el niño, la honda sabiduría de los ojos del divino niño, que parecía columbrar algo a lo lejos, el solemne silencio de los reyes asombrados por el deífico portento y postrados a sus pies y, por último, el santo e indescriptible sosiego que envolvía la escena, constituían un conjunto de una vitalidad tan armoniosa y tan pletorica de belleza, que causaba la impresión de un milagro. Los hermanos se hincaron de rodillas ante la nueva imagen y el abad exclamó:

"—No, un hombre, apoyándose únicamente en el arte humano, habría sido incapaz de crear esta obra: tu pincel iba guiado por una fuerza divina suprema y la bendición del cielo marca tu trabajo.

Precisamente entonces acabé yo mis estudios en la academia, donde obtuve medalla, de oro y, con ella, la alegre esperanza de un viaje a Italia, el mayor sueño de un pintor de veinte años. Únicamente me faltaba despedirme de mi padre, al que llevaba doce años sin ver. Reconozco que tenía borrada de mi memoria hacía tiempo incluso su imagen. Habiendo oído hablar de la rígida santidad de su vida, me disponía de antemano a encontrar al ermitaño adusto, ajeno a cuanto en el mundo rebase su celda y sus rezos, extenuado, consumido por el ayuno y la vigilia corporales. Pero cuál no sería mi sorpresa al ver ante mí a un anciano venerable, casi excelso. Lejos de traslucir agotamiento, su rostro expresaba una alegría de divina luminosidad. La barba, blanca como la nieve, y los cabellos, finos, etéreos, del mismo color plateado, se derramaban de manera pintoresca por el pecho y sobre los pliegues de su sayuela negra y caían hasta el cordón con que amarraba su pobre vestimenta monacal; pero lo más asombroso fue oírle unas palabras y unas ideas sobre el arte, que, lo juro, guardaré mucho tiempo en mi alma. Y quisiera, de verdad, que todos mis colegas hicieran lo mismo.

"—Te esperaba, hijo mío —me dijo cuando me acerqué a recibir su bendición—. Estás al comienzo de un camino por el que desde ahora rodará tu vida. Es un camino diáfano, no lo abandones. Tienes talento, que es el mayor don de Dios; no lo malogres. Investiga, estudia cuanto veas, somételo a tu arte, pero aprende a hallar en todo su lógica interna y, especialmente, procura dominar el sublime secreto de la creación. Bienaventurado el elegido que lo domina. Para él no hay en la naturaleza nada vil. El artista creador es en lo ínfimo tan grande como en lo sublime; no reconoce lo despreciable, porque detrás de ello brilla el hermoso espíritu de lo creado, y lo detestable se dignifica para él porque ha permanecido en el purgatorio de su alma. En el arte se insinúa el paraíso celestial y, por ello, el hombre se halla por encima de todo. Y del mismo modo que el solemne sosiego aventaja a cualquier emoción, la creación aventaja a la destrucción. Igual que el ángel únicamente provisto de la inocencia de su alma clara es superior a las fuerzas sin cuento y a las pasiones arrogantes de Satanás, el espíritu creador del arte supera a todas las demás cosas del mundo. Sacrifícalo todo por él y ámalo con toda la pasión, no con la pasión que rezuma concupiscencia, sino con la suave pasión celestial; sin ello, el hombre será incapaz de despegar del suelo y de producir la maravillosa melodía de la serenidad. Pues la suprema creación del arte desciende al mundo para serenarnos y reconciliarnos. El arte no puede llevar el enojo al alma, pues es una plegaria sonora que se eleva eternamente hacia Dios. Pero hay instantes, instantes tenebrosos…

Se detuvo y, de pronto, observé que su radiante rostro se oscurecía como sombreado por una súbita nube.

"—Hay un suceso que marca mi vida —me dijo—. Aún hoy sigo sin comprender qué era aquella extraña figura cuyo retrato pinté. Fue como un fenómeno diabólico. Ya sé que el mundo niega la existencia del diablo, y por eso no lo mencionaré. Pero sí que lo pintaba con aversión, que no sentía ningún amor por lo que hacía. Quise obligarme a hacerlo, sin inspiración, sin sujetarme y mantenerme fiel a la naturaleza. Aquello no era una obra de arte, por eso cuantos la veían captaban sentimientos protervos, sentimientos inquietantes, no los de un artista, porque el artista, incluso en la inquietud respira calma. Me dijeron que el retrato pasaba de un dueño a otro sembrando la angustia, la envidia, el odio entre hermanos, el incontenible afán de perseguir y sojuzgar. Líbrete Dios, de tales pasiones. Ninguna es más terrible que ellas. Más vale soportar toda la amargura de las posibles persecuciones, que proyectar sobre alguien la sombra de una persecución. Vigila la pureza de tu espíritu. El que posee talento tiene que exhibir un alma más limpia que ninguna. Lo que a otro se perdona, a él no le es perdonado. Al que salió de casa con inmaculadas ropas festivas, con una salpicadura de las ruedas de un carro tiene suficiente para que todos le rodeen y le señalen con el dedo criticando su desaliño, mientras que esa misma gente no se fijará en los chafarrinones de los que llevan ropa de labor. En los vestidos ordinarios no se ven las manchas.

Me bendijo y me abrazó. Jamás en la vida me sentí tan reconfortado. Con una devoción profunda, con un sentimiento superior al de hijo recliné la cabeza en su pecho y besé sus guedejas de plata. En sus ojos brillaron las lágrimas".

—Cumple, hijo mío, un ruego que te voy a hacer —me dijo cuando estábamos a punto de despedirnos—. Tal vez tengas ocasión de ver el retrato del que te he hablado. Lo reconocerás enseguida, por sus extraordinarios ojos, por su expresión sobrenatural; destrúyelo, cueste lo que cueste…

Juzguen ustedes mismos si podía negarle la promesa de cumplir ese ruego. En quince años, nada he visto que se pareciera lo más mínimo a la descripción hecha por mi padre. Y he aquí que ahora, en la subasta…

El pintor se interrumpió y volviose hacia la pared para mirar otra vez el retrato. Ese mismo movimiento lo repitió inmediatamente la muchedumbre que le escuchaba. Pero, ante la estupefacción general, el retrato había desaparecido del muro. Susurros y rumores confusos recorrieron la concurrencia, tras lo cual oyeron nítida y repentinamente las palabras: "Lo han robado, lo han robado". Alguien aprovechando que el público se hallaba pendiente del relato, se lo había llevado.

Los reunidos tardaron en salir de su estupor, dudando si realmente habían visto aquellos ojos extraordinarios, o si era, simplemente, una ilusión que se había aparecido por un momento a los suyos, cansados de tanto mirar viejos cuadros.

CONTENIDO